Peter Hahn
Der Freizeit-Knigge

Peter Hahn

Der Freizeit-Knigge

Ratgeber für umweltfreundliche
Freizeitgestaltung

Herausgegeben von der
Hans-Böckler-Stiftung, Düsseldorf

Bund-Verlag

Die Deutsche Bibliothek – CIP-Einheitsaufnahme
Hahn, Peter:
Der Freizeit-Knigge: Ratgeber für umweltfreundliche Freizeitgestaltung / Peter Hahn. Hrsg. von der Hans-Böckler-Stiftung, Düsseldorf. – Köln: Bund-Verl., 1992
ISBN 3-7663-2410-1

© 1992 by Bund-Verlag GmbH, Köln
Lektorat: Hans-Josef Legrand
Herstellung: Norbert Neunaß
Umschlag: Sauerborn, Köln
Satz: Satzbetrieb Schäper GmbH, Bonn
Druck: J. Ebner Ulm
Printed in Germany 1992
ISBN 3-7663-2410-1

Alle Rechte vorbehalten, insbesondere die des öffentlichen Vortrags, der Rundfunksendung und der Fernsehausstrahlung, der fotomechanischen Wiedergabe, auch einzelner Teile.

Inhalt

Vorwort 9

1. **Entwicklungen und aktuelle Trends im Freizeitverhalten** 13

2. **Freizeit und Umwelt:** 27
   Tips für ein sanftes und
   umweltverträgliches Verhalten 27
   2.1 Surfen und Baden 28
   2.2 Alpiner Skisport und Skilanglauf 34
   2.3 Radsport und Mountainbiking 44
   2.4 Wandern, Spazierengehen, Picknicken, Lagern 49
   2.5 Tennis 56
   2.6 Camping und Wohnmobil 61
   2.7 Freizeitparks und Center Parcs 69
   2.8 Moto-Cross 76
   2.9 Großveranstaltungen 82

3. **Freizeitaktivitäten und Raumnutzung** 92
   3.1 Wohnumfeld 92
   3.1.1 Leitlinien zur umwelt- und sozialverträglichen Wohnumfeldnutzung 97
   3.1.2 Maßnahmen, Programme, Konzepte und Tips 100

3.2 Naherholung	115
3.2.1 Verkehrsbezogene Lösungsansätze	118
3.2.2 Planerische Lösungsansätze	119
3.2.3 Maßnahmen zur Besucherlenkung in Naherholungsgebieten	123
3.3 Tourismus	127
3.3.1 Entwicklung des Tourismus	127
3.3.2 Diskussion der Ansätze Sanfter Tourismus	128

4. Freizeitgeräte
Analysen – Bewertungen – Tips 135

4.1 Analyse und Bewertung ausgewählter Freizeitprodukte und -geräte	137
4.1.1 Surfen und Baden	137
4.1.2 Alpiner Skisport und Skilanglauf	142
4.1.3 Mountainbiking	145
4.1.4 Wandern, Spazierengehen, Picknicken, Lagern	147
4.1.5 Tennis	150
4.1.6 Camping und Wohnmobil	154
4.1.7 Center Parcs	156
4.1.8 Moto-Cross	157
4.1.9 Großveranstaltungen	161
4.2 Bewertung der Umweltverträglichkeit ausgewählter Freizeitprodukte	163
4.3 Empfehlungen und Hinweise zur Produktgestaltung und Produktentwicklung	166
4.4 Verbrauchertips und Empfehlungen zur Nutzung von Freizeitprodukten	168

5. Freizeit und Verkehr 171

5.1 Freizeitverkehr und Umweltbelastungen	172

5.2 Tips zur Minimierung der
 Umweltbelastungen durch den
 Freizeitverkehr 176

6. Ansätze zur Beeinflussung von Verhaltensänderungen in Natur und Landschaft 189

6.1 Leitlinien für ein sanftes und
 umweltverträgliches Freizeitverhalten .. 191

6.2 Durchsetzung eines sanften und
 umweltverträglichen Freizeitverhaltens 195

6.3 Ansatzpunkte zur Umsetzung eines
 sanften und umweltverträglichen
 Freizeitverhaltens 198

6.3.1 Gewerkschaftliche Möglichkeiten auf
 der politischen Ebene 201

6.3.2 Gewerkschaftliche Forderungen auf der
 betrieblichen Ebene 209

6.3.3 Gewerkschaftliche Aktivitäten im
 Freizeit- und Bildungsbereich 212

Literaturempfehlungen 226

Vorwort

In den letzten Jahren ist das Verhältnis Freizeitsport und Umwelt in den Vordergrund der umweltpolitischen Diskussion gerückt. Insbesondere die in diesem Ratgeber behandelten Freizeitaktivitäten haben sich in einem solchen Maße ausgebreitet, daß ihre vielfältigen und komplexen Wirkungen in Natur und Landschaft sichtbar werden. Die Belastungen der Freizeitbetätigungen in der Umwelt sind unterschiedlich in ihrer Wirkung – sie reichen von Schädigungen des Bodens durch motorsportliche Aktivitäten bis hin zu Störungen der Uferbereiche an natürlichen Gewässern durch Baden.

Da der Freizeitsport eine hohe und steigende Wertschätzung in Gesellschaft und Politik erfährt, ist davon auszugehen, daß sich der Druck auf naturnahe Flächen in Zukunft noch verstärken wird.

Da außerdem ein erheblicher Zuwachs im privaten Kfz-Verkehr prognostiziert und die Mobilität der Bevölkerung in der Freizeit weiter zunehmen wird, besteht das Risiko, daß sich die Probleme zwischen den Ansprüchen der Freizeittreibenden und den Erfordernissen des Umweltschutzes noch weiter verschärfen werden.

Freizeitsport ist ein beachtliches Marktsegment geworden und stellt eine der Wachstumsbranchen dar. Das Interesse an den vielfältigen Freizeitmöglichkeiten wird durch die Vermarktungsstrategien der Freizeitindustrie weiter gezielt gefördert und die Ausübung modischer Freizeitdisziplinen mit Mitteln der Verkaufspsychologie und -philosophie angeregt. Zusätzlich wird das weitgefächerte Netz von kommerziellen Anbietern die Zahl der Freizeitangebote weiter ansteigen lassen.

Die Anzahl kritischer Stimmen wächst in Anbetracht dieser Entwicklungen. Notwendig ist es, Überlegungen zur Vermeidung und Verminderung negativer Folgen der Freizeitgestaltung anzustellen.

Hier will der Freizeit-Knigge ansetzen. Einerseits werden Lösungsansätze und konzeptionelle Überlegungen gezeigt, die zur Durchsetzung eines umweltverträglichen Freizeitverhaltens beitragen sollen. Insbesondere sind dies

– praktische Verhaltenstips für die verschiedenen Freizeitaktivitäten in Natur und Landschaft,

– Leitlinien zur umwelt- und sozialverträglichen Wohnumfeldnutzung,

– Maßnahmen zur Nutzungsintensivierung und zur Steigerung der Attraktivität wohnumfeldnaher Freizeitinfrastruktur,

– Überlegungen zur Besucherlenkung in Nah- und Fernerholungsgebieten,

– Empfehlungen zur Nutzung von Freizeitprodukten und -geräten in Form von Verbrauchertips sowie Hinweise zur Produktgestaltung und Produktentwicklung und schließlich

– Möglichkeiten zur Minimierung der Umweltbelastungen durch den Freizeitverkehr.

Andererseits werden im Hinblick auf eine umweltschonende Freizeitgestaltung in Natur und Landschaft

– Vorschläge zur Sensibilisierung des Problembewußtseins Freizeit/Umwelt gemacht,

– Ansätze zur Beeinflussung des Verhaltens durch

die im Freizeitsektor tätigen Institutionen, Träger und Gruppen vorgestellt sowie am Beispiel Gewerkschaften
- Ansatzpunkte zur Vermittlung und Umsetzung eines sanften und umweltverträglichen Freizeitverhaltens auf politischer und betrieblicher Ebene diskutiert.

Das vorliegende Buch basiert auf den Ergebnissen der vom Autor unter Mithilfe von Günter Sommerfeld und Jutta Bardonner im Institut für Stadtforschung und Strukturpolitik GmbH Berlin (IfS) durchgeführten Studie »Sanftes und umweltverträgliches Freizeitverhalten«. Auftraggeber war die Hans-Böckler-Stiftung, Düsseldorf.

Das Buch widme ich Regie und Lennart.

Peter Hahn, Berlin

1. Entwicklungen und aktuelle Trends im Freizeitverhalten

Die Entwicklung der außerhäuslichen Freizeit ist eng mit den sozio-kulturellen und sozio-ökonomischen Rahmenbedingungen und Wertvorstellungen einer Gesellschaft verbunden. Insbesondere eine flexiblere und individuelle Arbeitszeitgestaltung, gestiegene Ausgabenspielräume privater Haushalte sowie eine ständig steigende Mobilität erweiterten in den letzten vier Jahrzehnten kontinuierlich die Möglichkeiten, die freie Zeit für Erholungs- und Freizeitsportaktivitäten aufzuwenden. Zeitsouveränität und gesellschaftlicher Wohlstand erzeugen einerseits eine verstärkte Nachfrage nach individuellen Formen der sportlich ausgerichteten Freizeitbeschäftigung, andererseits eine Erweiterung im Bereich der Freizeitangebote und eine Differenzierung des Produktangebotes durch die Freizeitindustrie.

Vor dem Hintergrund veränderter Arbeits- und Lebensbedingungen, die durch zunehmende Bewegungs- und Erlebnisarmut sowie Naturferne geprägt sind, lassen sich im Hinblick auf die Freizeitgestaltung sehr verschiedenartige Entwicklungen beobachten. Zum einen besteht verstärkt der Wunsch, die Freizeit in naturnahen Räumen zu verbringen, da diese Räume vielfältige Möglichkeiten der aktiven Freizeitbetätigung bieten (z.B. zum Wandern, Klettern, Picknicken, Natur beobachten etc.). Zum anderen besteht die Tendenz, freizeit(sport)orientierte und vermeintlich imagefördernde Aktivitäten in Anlagen mit hohem sporttechnischem Ausstattungsniveau (z. B. multifunktionale Freizeit- und Center Parcs) und/oder mit (künstlicher) Naturkulisse auszuüben.

Die starke Expansion unterschiedlicher Freizeitaktivitäten führt dazu, daß der Freizeitsektor zunehmend zur Gestaltung und Prägung (Überformung) von Raumstrukturen beiträgt. Der wachsende Flächenbedarf neuer bzw. im Trend liegender Aktivitäten wie Tennis oder Golf, verbunden mit einer Zunahme freizeitorientierter Infrastrukturen, sind sichtbarer Ausdruck raumbedeutsamer und -wirksamer Freizeitverhaltensweisen. Auch die zunehmende Frequentierung empfindlicher, schützenswerter Gebiete, die früher von der Freizeitnutzung ausgelassen wurden, heute jedoch durch technische Entwicklungen der Freizeitsportgeräte (z. B. Mountainbikes) zugänglicher wurden, bestätigt diese Entwicklung. Durch die weitere Zunahme bzw. größere Flexibilisierung der Tages- und/oder Blockfreizeit ist in Zukunft eine noch intensivere Inanspruchnahme des unmittelbaren Umlandes von Ballungszentren sowie von Tourismusregionen durch herkömmliche landschafts-, natur- und gewässerbezogene Freizeitaktivitäten in wechselseitiger Bedingtheit mit der Zunahme entsprechender Infrastrukturen (Restaurationsbetriebe, Ausbau der Verkehrswege und Stellplätze etc.) zu erwarten.

Eine unkoordinierte, schnell wachsende und in der Tendenz stark auf Eigeninitiative setzende Freizeit- und Tourismusinfrastruktur führt unweigerlich zu weiteren Umweltauswirkungen und zwangsläufig zu Zielkonflikten mit den Belangen des Natur- und Umweltschutzes. Gefahr durch Übernutzung droht vor allem den ausgewiesenen Schutzgebieten sowie generell den naturnahen, schutzwürdigen Bereichen im Naherholungsbereich von Ballungsräumen und in Feriengebieten.

Das Problembewußtsein in der Gesellschaft über die durch Freizeitaktivitäten verursachten Belastungen in Natur und Landschaft ist bisher jedoch gering. Lediglich ein Drittel der Bevölkerung der alten Bundesländer glaubt, daß ihr Freizeitverhalten zur Umweltbelastung beiträgt.

Das aktive Freizeitverhalten außer Haus wird im besonderen durch folgende Einflußfaktoren bestimmt:

- Entwicklung der Freizeit,
- Wertewandel in der Freizeitorientierung und in der Freizeitverbringung,
- Wandel der Freizeitsportinteressen,
- Bevölkerungsentwicklung und Freizeitsportlerpotential,
- Trends im Gesundheitsbereich,
- Beziehungsverhältnis Freizeit und Konsum,
- Mobilität, Verkehr und Freizeitverhalten.

Entwicklung der Freizeit

Freizeit als Teil der verfügbaren Zeit eines Tages prägt seit Jahrtausenden den Lebensrhythmus und die Alltagskultur des Menschen. Der Begriff »Freyzeit« symbolisierte im Mittelalter die Friedenspflicht während eines Marktes und Festes. Der heute umgangssprachlich verwendete Terminus Freizeit war bis zum Beginn der Industrialisierung jedoch eher als arbeitsfreie Zeit zu definieren. Strukturiert waren die arbeitsfreien Zeiten vorwiegend durch kirchliche und soziale Konventionen. Eine individuell ausgerichtete Gestaltung der arbeitsfreien Zeit war im europäischen Kulturkreis über Jahrhunderte nur gering ausgeprägt. Arbeitsfreie Zeit war in starkem Maße ein integrierter Bestandteil des Arbeitslebens. Die Arbeit bzw. der Arbeitsrhythmus bot weitaus mehr Möglichkeiten zur Kommunikation als heute, die Arbeit wurde auch häufiger unterbrochen (z. B. zu gesellschaftlichen Zusammenkünften). Leben und Arbeit waren ganzheitlicher geprägt als heute, Erholung und Arbeit wechselten sich organisch ab. Mit der Reformation erlangten »Disziplin« und »Fleiß« zunehmend an Gewicht. Zweckgerichtetheit wurde zum Leitmotiv eines an gesellschaftlichem Einfluß gewinnenden Bürgertums, die Arbeit zum »Mythos des Fortschritts«. Die Folge war eine zunehmend stärkere Betonung der Arbeit als Lebenssinn. Mit Beginn der Industrialisierung veränderten sich infolge der zunehmenden Mechanisierung bzw. Maschinisierung der Arbeit die Arbeitsabläufe. Es kam zunächst zu einer räumlichen, dann zu einer inhaltlichen und bewußtseinsmäßigen Trennung von Arbeit und Freizeit. In den industriellen Fertigungsprozessen reduzierten sich rasch die Nichtarbeitszeiten. Es kam z. T. zu einer extremen Ausdehnung der Arbeitszeiten bis zu 100 Std./Woche sowie zur Einführung der Sonntagsarbeit, verbunden mit der Drohung von Arbeitsverlust bei Nichterfüllung der Anforderungen.

Frei verfügbare Zeit war im Tagesablauf der lohnabhängigen Industriearbeiter über Jahrzehnte kaum eine nennenswerte Größe. Als Ergebnis gewerkschaftlichen Engagements und erfolgreich ausgetragener sozialer Auseinandersetzungen wurde in einem langen Prozeß ein Mehr an sozialer Gerechtigkeit und mehr freie Zeit erkämpft.

Die Einführung der 5-Tage-Woche Mitte der 50er Jahre, die Verringerung der wöchentlichen Arbeitszeit von durchschnittlich 48 Std. im Jahr 1948 auf heute unter 40 (37) Stunden und die Erweiterung des gesetzlich festgelegten Anspruchs auf Mindesturlaub, haben die Möglichkeiten der Freizeitnutzung für ein Großteil der westdeutschen Bevölkerung in den letzten 40 Jahren erheblich erweitert. Besonders deutlich wird das in der Anzahl der Ferientage. Betrug der Mindesturlaub vor 40 Jahren im Durchschnitt 12 Tage, so sind es heute 31 Tage.

Ein Gewinn zeigt sich auch bei der täglichen Freizeit. Die pro Tag effektiv zur Verfügung stehende Freizeit betrug für zwei Drittel der bundesdeutschen Bevölkerung 1952 ca. 2,5 Stunden, 1985 über 4 und 1990 über 5 Stunden. Die Freizeitverlängerung kann jedoch nicht von allen sozialen Schichten gleichermaßen wahrgenomen werden. In der Tendenz reduzierten sich die freien Zeiten für Berufe mit hohem Prestige. »Kompensiert« wird dieser Verlust durch eine größere Verfügungsmöglichkeit über die individuelle Arbeitszeit sowie u. a. durch den Statusgewinn entsprechender Tätigkeiten.

Entscheidend für den heutigen Stellenwert der Freizeit und dessen Entwicklung in den alten Bundesländern ist, daß der Rückgang der Arbeitszeit ohne Einbußen an Produktivität und privatem Einkommen vonstatten ging. Vielmehr konnte trotz Arbeitszeitverkürzung die Produktivität und das Einkommen erhöht und der gesellschaftliche und private Wohlstand vermehrt werden. Dies bedeutet, daß neben mehr individuell verfügbarer freier Zeit auch höhere Ausgabenspielräume für die Freizeitgestaltung zur Verfügung standen bzw. weiter bestehen.

Mit der 35- bzw. 37-Stunden-Woche sowie der angestrebten Verkürzung auf 30 Stunden Wochenarbeitszeit wird der Stellenwert der Freizeit weiter zunehmen und das Freizeitverhalten der Bevölkerung sich in noch stärkerem Maße als heute verändern. Beeinflußt wird zukünftig das Freizeitverhalten insbesondere durch die steigende Flexibilisierung der

Arbeitszeitstruktur, die verschiedenen Variationen der Arbeitszeitverkürzung, aber auch durch einen potentiell früheren Eintritt in den Ruhestand.

Zwar erweitert die Flexibilisierung und Verkürzung der Arbeitszeit prinzipiell die Möglichkeiten zur Freizeitgestaltung, z. B. zur persönlichen Bedürfnisbefriedigung oder für gesellschaftliche Aktivitäten. Jedoch wird der Anteil der Bevölkerung, der in der Freizeit zu langfristigem Engagement bereit ist, sinken. Diese Entwicklung werden in Zukunft Vereine, Parteien und Gewerkschaften spüren.

Wertewandel in der Freizeitorientierung

Die Freizeit war in den letzten 40 Jahren von unterschiedlichen Phasen der Freizeitorientierung und der Freizeitverbringung geprägt. Bis hinein in die 60er Jahre wurde Freizeit vornehmlich als zur Reproduktion der Arbeitskraft notwendige Restzeit verstanden. Insbesondere in den sogenannten Aufbaujahren nach dem 2. Weltkrieg war Arbeit »wichtiger« als Freizeit.

Ab Mitte der 60er Jahre wurde die Erholungszeit zur Wiedergewinnung der vollen Arbeitskraft durch eine zunehmende Identifikation mit der arbeitsfreien Zeit und durch eine konsumorientierte Freizeitphase abgelöst. Aufgrund zunehmender partialisierter menschlicher Arbeit bei steigender psychischer und gleichzeitig abnehmender physischer Belastung des Menschen am Arbeitsplatz übernahm die Freizeitgestaltung eine immer wichtigere Kompensationsfunktion. Die Freizeit diente nicht mehr nur zur Entspannung und zum Ausgleich von einseitiger Belastung und Streß, sie wurde vor allem als Gelegenheit zur aktiven Bewegung in einer bewegungsfeindlichen Umwelt betrachtet.

In den 80er Jahren avancierte Freizeit zum Erlebnisbereich. Im Vordergrund der Freizeitgestaltung stand die Herausarbeitung eines durch Freizeit dominierten individuellen Lebensstils mit dem Ziel einer bewußten und intensiven Erlebnissteigerung. Insbesondere vor dem Hintergrund der zunehmenden menschlichen Entfremdung zur Natur und einem gleichzeitig stärkeren Eingebundensein in einer »künstlichen« Welt entstand ein Bedürfnis nach individueller Erlebnisvielfalt und nach Grenzerfahrungen. Dies drückte sich im Freizeitbereich u. a. in der Tendenz zu Freizeitaktivitäten in Natur und Landschaft aus.

In den 90er Jahren ist mit einer Fortführung dieses Trends zu rechnen. In noch stärkerem Maße werden die Vermittlung sozialer und persönlicher Identität durch die Selbstdarstellung des einzelnen oder in abgegrenzten »Cliquen« über Life-Freizeitaktivitäten in Natur und Landschaft in den Vordergrund treten. Verbunden sein wird dies mit einer weiteren Technisierung des Freizeitangebots.

Die Zunahme der Freizeit bzw. des Freizeitangebots wird in Verbindung mit dem gestiegenen Abwechslungsbedürfnis in erster Linie ein Freizeitverhalten stärken, das auf den schnellen Wechsel von Hobbys und Erfahrungen programmiert ist. Verstärken wird sich der bereits in den 80er Jahren festzustellende Trend zum »Freizeit-Hopping«, d. h. zum häufigen Wechseln der Freizeitangebote. Die große Angebotspalette im Freizeit(sport)bereich, verbunden mit den Problemen der Massenmotorisierung und »Zeitnöte« durch Hetze und fehlende Ruhe, beeinflussen zunehmend das Freizeitverhalten. Freizeitforscher sprechen in diesem Zusammenhang bereits von Freizeitstreß.

Die Ausgestaltung der Freizeit stellt zunehmend ein zentrales gesellschaftliches Problem dar. Ein Großteil der Freizeit steht unter dem Einfluß konsumtiver Tätigkeiten, z. B. elektronischer Information, Videospiele, Homecomputer, einer stärkeren Technisierung des Heimwerkermarktes, aber auch dem Aufbau technischer Welten wie Spiel- und Abenteuerparks. Diese Technisierung schlägt sich auch auf naturbezogene Freizeitaktivitäten nieder (z. B. Snowball, »Water-biking«).

Signifikant ist, daß die charakteristischen Inhalte von Freizeit zunehmend in die Arbeitswelt hineingetragen werden. Wie die Freizeit soll auch Arbeit Spaß machen. Freizeitforscher sehen darin bereits einen Wertewandel im Verhältnis von Arbeit und Freizeit. Diagnostiziert wird eine abnehmende Distanzierung von der eigentlichen Arbeit und gleichzeitig eine schwindende Identifikation mit der arbeitsfreien Zeit. Dies trifft jedoch nur für die Arbeitsbereiche zu, die überwiegend ein eigenverantwortliches Handeln am Arbeitsplatz ermöglichen.

Wandel der Freizeitsportinteressen

Bewegungsmöglichkeiten werden zur Entspannung und als Ausgleich gegen einseitige Belastung (Streß) genutzt, als Gelegenheit zu Spiel und Spaß. Diese Motive sowie die Suche nach sozialen Kontakten, Gemeinschaftserleben und Geselligkeit haben in den letzten Jahren gegenüber Leistung, Wettkampf und Erfolgsstreben einen höheren Stellenwert in der Freizeitverbringung erhalten. Verstärkt nachgefragt werden auch solche Freizeitaktivitäten, die mit einem Minimum an Reglementierung bzw. »zwanglos« ausgeübt werden können und universell nutzbare Räume und Flächen benötigen. Dies sind im städtischen Bereich vor allem

Grün- und Parkanlagen sowie Grünverbindungen, im Außenbereich überwiegend naturnahe Räume.

Festzustellen ist weiterhin eine zunehmende Differenzierung und Spezialisierung der Freizeitsportarten (z. B. im Radsport und Wassersport). Aktivitäten wie Skigymnastik, Jazztanz, Schwerathletik und Fitneßtraining, die häufig im unmittelbaren Wohnumfeld und überwiegend kommerziell angeboten werden, gewinnen zunehmend an Bedeutung. Die Aktualität dieser Freizeitaktivitäten resultiert aus dem Trend zur Individualisierung und aus dem Wunsch weiter Bevölkerungskreise, nicht in formale Vereinsstrukturen eingebunden zu sein. Darüber hinaus spielt eine Rolle, daß diese Freizeitsportaktivitäten und andere wie Squash, Tennis, Aerobic oder spezielle Kampfsportarten z. T. massiv über die Medien verbreitet werden und somit »modebedingt« Nachahmungen finden.

Insbesondere in den Großstädten sind die kommerziellen Sportanbieter zu einem eigenständigen Wirtschaftsfaktor mit erheblichen Wachstumstendenzen geworden; allein 1987 gab es bundesweit ca. 250–300 Neueröffnungen auf diesem Sektor. Die Gesamtzahl in den alten Bundesländern wird auf ca. 2500 bis 3000 Studios geschätzt. Es entsteht eine zunehmende Konkurrenzsituation zwischen kommunalen Freizeitsportangeboten, Vereinen und kommerziellen Anbietern. Steigend sind zudem in der Gunst der Bevölkerung solche Freizeitaktivitäten, die ehemals als exklusiv galten, wie z. B. Golf und Tennis. Festzustellen ist auch ein Bedeutungszuwachs bei solchen Freizeitaktivitäten, die früher ausschließlich im Freien betrieben wurden, neuerdings jedoch zunehmend in Hallen verlagert werden, um ihren Anhängern die Ausübung jahreszeit- und witterungsunabhängig zu ermöglichen. Auf den ersten Blick ist diese Entwicklung als entlastend für Natur und Landschaft zu bewerten.

Bevölkerungsentwicklung und Freizeitsportlerpotential

Eine wichtige Einflußgröße auf das Freizeitsportlerpotential ist die Bevölkerungsentwicklung. Bundesweit werden frühere Prognosen zur Bevölkerungsentwicklung, die eine stark rückläufige Entwicklung erwarten ließen, durch folgende Fakten und Trends variiert:

– die Vereinigung beider deutscher Staaten im Oktober 1990,

– die überraschend hohe Geburtenrate seit Mitte der 80er Jahre, die sich nach Prognosen in den 90er Jahren noch verstärken wird,

– der anhaltende Zustrom an Aus- und Übersiedlern seit 1988,

– der gleichbleibend hohe Anteil ausländischer Mitbürger,

– die zu erwartenden Wanderungsgewinne durch die Einführung des EG-Binnenmarktes nach 1992.

Zur Einschätzung der Auswirkungen der demographischen Entwicklung auf das Freizeitsportlerpotential ist es notwendig, sich jene Zahl von Menschen zu vergegenwärtigen, die derzeit aktiv Freizeitsport betreiben.

Laut Statistik des Deutschen Sportbundes sind in den alten Bundesländern nahezu 23 Mio. Menschen in Sportvereinen organisiert. Weiter wird geschätzt, daß sich zwischen 10 und 11 Mio. Menschen ohne Vereinsbindung in den alten Bundesländern sportlich betätigen. Danach übt z.Z. über die Hälfte der bundesdeutschen Bevölkerung Freizeitsport aus, obwohl davon auszugehen ist, daß im organisierten Sportbereich nicht alle Mitglieder aktiv Freizeit- und Wettkampfsport treiben.

Untersuchungen gehen von einem zukünftigen Potential aktivierbarer sportlich ausgerichteter Freizeitinteressenten von 60% bis maximal 75% der Bevölkerung aus, der Deutsche Sportbund sogar von bis zu 80% der Bevölkerung. Die zukünftige Zahl der Freizeitsportinteressierten läßt sich jedoch schwer abschätzen, da die Entwicklung nicht unmittelbar aus demographischen Daten abgeleitet werden kann. Ein Freizeitsportlerpotential von 75 oder 80% der Bevölkerung ist angesichts der Anteile von Kleinkindern, alten Menschen, Kranken, zugleich im Beruf und im Haushalt Tätigen, Schichtarbeitern an der Bevölkerung als wenig realistisch einzuschätzen. Anzunehmen ist vielmehr, daß maximal zwei Drittel der Bevölkerung »freizeitsportlich aktiv« sein kann.

Neben den demographisch bedingten quantitativen Bevölkerungsentwicklungen wird der Wandel der Altersstruktur in der Bevölkerung Auswirkungen auf die Nachfrage nach Freizeitangeboten haben. Während der Anteil der älteren Menschen anwachsen wird, reduziert sich jener der jungen Menschen. Die Zahl der über 60jährigen wird in Westdeutschland in den Jahrzehnten von 1985 bis 2005 um 2 Mio. zunehmen, von knapp 12,5 auf über 14,5 Mio. Die Freizeitsportentwicklung, die Freizeitinfrastruktur und die Auslastung der Freizeitanlagen bzw. -flächen wird somit in den 90er Jahren stärker durch die Interessenlage älterer Menschen geprägt sein. Das wird auch Auswirkungen auf die Wahl der Freizeitaktivitäten haben. Noch verzeichnen die traditionellen Sportarten die höchsten Partizipationsquoten. Doch es zeigt sich, daß diese Freizeitsportarten, die überwiegend in bestehenden Kernsportanlagen ausgeübt werden, hinsichtlich der Nachfrage bereits stagnieren. Für die Planung und Organisation der Freizeit- und Sportstättennutzung folgt aus dem Wandel in der Nachfrage die Anforderung, die Freizeitinfrastruktur an veränderte Bedarfe anzupassen.

Freizeit und Trends im Gesundheitsbereich

Je nach Intensität, Dauer und Häufigkeit wird in der körperlich-sportlichen Betätigung ein wichtiger Einflußfaktor auf Gesundheit, Fitneß und Wohlbefinden des Menschen gesehen. Insbesondere die Aspekte Gesundheit und neues Körperbewußtsein waren in den vergangenen Jahren wesentliche Faktoren bei der Heranführung neuer Interessenten an die vielfältigen aktiven Freizeitformen. Aber auch die Bedeutung freizeitsportlicher Betätigung im Bereich Präventation und Rehabilitation nimmt weiter zu. Der »moderne« Freizeitsport idealisiert geradezu den Faktor Gesundheit. Trotz der positiven gesundheitlichen Aspekte wird der gesundheitliche Nutzen aktiver Freizeitbetätigung unterschiedlich bewertet, zunehmend sogar kritisch hinterfragt. Die Frage »Was ist gesund am Freizeitsport?« stellt sich insbesondere vor dem Hintergrund der in den letzten Jahren festzustellenden Zunahme von körperlichen Verschleißerscheinungen, Verletzungen und Invalidität durch eine vorwiegend sportlich ausgerichtete Freizeitgestaltung. Freizeitsport wird bereits gelegentlich als Unfallursache Nr. 1 dargestellt.

Neben dem Aspekt der Gesunderhaltung durch freizeitsportliche Aktivitäten, ist jedoch kritisch anzumerken, daß unter freizeitsportlicher Betätigung vielfach nur »schlanker«, »muskulöser« und »dynamischer« werden verstanden wird. Entsprechend diesen Zielvorstellungen übernehmen solche Attribute den Charakter von Modetrends, verinnerlichen aber gleichzeitig die Prinzipien der Leistungsgesellschaft. Freizeitsport und seine Ausprägungen sind Spiegelbilder der Gesellschaftsordnung, weil sie zunehmend unter dem »Diktat« stehen, eine besondere Leistung anzustreben und sich über das Ziel »schneller – weiter – höher« zu definieren.

Freizeit und Konsum

Sportlichkeit ist eine attraktive Ware geworden und gerät als »Geschäft« mehr und mehr in den Bereich wirtschaftlicher Interessen. Die Ausnutzung der Freizeit bzw. des Freizeitsports für kommerzielle Zwecke reicht vom professionell ausgeübten Sport über kommerziell betriebene Freizeitanlagen bis hin zur Inanspruchnahme des Freizeitsports als Werbeträger.

Die Kommerzialisierung des Freizeitsports wird häufig mit einer zwangsläufigen Entwicklung eines gesellschaftlichen Bereichs in einer marktwirtschaftlich orientierten Gesellschaftsordnung begründet. Prognostiziert wird, daß die Kommerzialisierungstendenzen sowie die Zahl der kommerziellen Anbieter im Freizeitsektor weiter zunehmen werden.

Die Bedeutung der Freizeit als Wirtschaftsfaktor wird daran deutlich, daß etwa ein Zehntel des Bruttosozialprodukts der alten Bundesländer für Freizeitartikel und -aktivitäten ausgegeben werden. Die Freizeitwirtschaft nimmt insbesondere in Fremdenverkehrsgebieten und -gemeinden eine wichtige

Stellung ein; dort lebt mittlerweile eine hohe Anzahl von Erwerbstätigen von der Kommerzialisierung der Freizeit.

Mobilität, Verkehr und Freizeitverhalten

Mobilität wird als Freiheit des Ortswechsels und der Erhöhung des individuellen Aktionsradius mit dem Ziel der Überwindung immer größerer Distanzen in der Verbindung mit maximalem Zeitgewinn verstanden. Die hohe Mobilität im Freizeitsektor stellt sich als die Beweglichkeit oder Fähigkeit dar, Freizeiteinrichtungen sowie Räume mit unterschiedlichen Erlebnismöglichkeiten individuell zu wählen und diese vornehmlich mit dem Privatauto anzufahren.

Grundsätzlich verspricht eine erhöhte Mobilität soziale Gleichheit und mehr Chancen, sich von den Belastungen des Stadtlebens, der sozialen Enge »frei zu machen«. Das Auto scheint Garant dieser persönlichen Freiheit und Ungebundenheit zu sein. Folge der Massenmotorisierung ist die Zunahme der Umweltbelastungen in Natur und Landschaft. Trendanalysen sprechen von einem kontinuierlichen Mobilitätsgewinn, der sich künftig vorwiegend im Anstieg von Urlaubsfahrten und Wochenendausflügen niederschlagen wird. Dies führt zu einer Intensivierung der Umweltbelastungen.

Betroffen durch den steigenden Freizeitverkehr sind vor allem wohnungsnahe Erholungsräume in Kommunen mit Durchgangsstraßen und naturnahe Erholungslandschaften.

Belastungsspitzen durch den Freizeitverkehr werden an Wochenenden erreicht; sie betreffen sowohl die »Erholungsräume« als auch das Autobahnnetz, das durch den Freizeitverkehr stark belastet wird.

2. Freizeit und Umwelt: Tips für ein sanftes und umweltverträgliches Verhalten

Ziel dieses Kapitels ist eine differenzierte und systematisierte Erfassung und Darstellung potentieller Belastungsformen umweltrelevanter Freizeitaktivitäten einerseits und die Zusammenstellung von praktischen Tips für ein sanftes und umweltverträgliches Verhalten andererseits.

Qualitative Belastungen bzw. Beeinträchtigungen der Natur und Landschaft sind u. a.:

- die »Verinselung«, d. h. die Zerstückelung der unverbauten Natur (Zerschneidung in immer kleinere Areale);
- die Belastung von Ökosystemen durch Staub, Abgase und Erschütterungen;
- die Belastung des Bodens durch Ein-/Ausbringen von Umweltchemikalien auf Äckern, Wiesen, Wäldern und Freizeitsportflächen, der Eintrag von Schadstoffen in Oberflächengewässer und Grundwasser;
- die Zerstörung ursprünglicher Oberflächensysteme durch Abbau oder Auftrag allochthoner Materialien;
- die »Verarmung« im Sinne einer Verringerung der Artenvielfalt sowie der Beeinträchtigung des Landschaftsbildes.

Ein weiterer Indikator für belastende Wirkungen durch Freizeitaktivitäten ist die Verlärmung der

Landschaft durch die verschiedenen Freizeiteinrichtungen und -aktivitäten.

Bei der folgenden Analyse und Bewertung der jeweiligen Freizeitaktivitäten geht es um die Ermittlung von:

- Bodenstrukturveränderungen durch Verdichtung, Erosion, Bodenab- und -auftrag und mechanischen Einwirkungen auf die Vegetation (Beschädigung und Zerstörung der Vegetation);
- Störwirkungen auf die Fauna und den Menschen;
- Schadstoffeinträge in Boden, Wasser und Luft (z. B. Öl, Benzin, Abgase und chemische Mittel sowie Abfälle);
- Veränderung des Landschaftsbildes durch Freizeitanlagen bzw. Folgeeinrichtungen;
- Flächeninanspruchnahme.

Im Anschluß an diese Darstellungen der Belastungen werden dann die Vorschläge zur Vermeidung bzw. Verminderung der spezifischen Umweltbelastungen durch Freizeitaktivitäten bzw. -anlagen übersichtlich zusammengestellt.

2.1 Surfen und Baden

Etwa 1971 kam das 1969 in den USA patentierte Windsurfen nach Europa und entwickelte sich in den alten Bundesländern rasch zu einer Massensportart. Die Zahl der Aktiven wird auf 1 Mio. bis 1,5 Mio. geschätzt. Lediglich 210 000 Surfer sind organisiert; ca. 60% der Surfaktivitäten finden an/auf Binnengewässern statt. Surfer benötigen i. d. R. keine spezifische Infrastruktur. Durch wärmeisolierende Schutzanzüge aus Neopren währt die »Saison« der Surfer fast das ganze Jahr hindurch. Grundsätzlich ist das Surfen eine ruhige und umweltverträgliche Sportart. Ihre massenhafte Ausübung auf naturnahen Gewässern mit einer zeitlichen Konzentration am Wochenende verstärkt jedoch die Konflikte mit den Belangen des Umwelt- und Naturschutzes.

Schwimmen bzw. Baden ist die beliebteste Freizeitaktivität. Trotz in großer Anzahl in Ballungsräumen vorhandener Freibäder sowie ausgebauter Freibäder an Gewässern nimmt der Nutzungsdruck durch die Erholungssuchenden bzw. Freizeitsporttreibenden auf naturnahe Gewässer und freie Uferrandbereiche weiter zu, obwohl vielerorts eine schlechte Wasserqualität das Baden einschränkt. In erster Linie an Sommerwochenenden und während der Haupturlaubszeiten werden die natürlichen Gewässer und deren Uferbereiche außerordentlich stark genutzt.

Umweltauswirkungen

Bodenstrukturveränderungen

Das Zuwasserbringen an fast jeder beliebigen Stelle am Ufer sowie das kurzzeitige wilde Lagern der Surfbretter am Uferbereich (z. B. zum Trocknen) führt auf artenreichen Streuwiesen und vor allem an moorigen Stellen zu Schädigungen der Ufervegetation. In stark frequentierten Bereichen führt das Aufstellen der Surfbretter zu Schädigungen an Bäumen und anderen Gehölzen. Um an das Wasser zu gelangen, werden oft von »wilden Lagerstätten« aus breite Schneisen und Trampelpfade durch die ufernahe Vegetation getreten. Insbesondere bei Anfängern mit mangelnder Fahrtechnik sowie bei ungünstigen Windverhältnissen besteht die Gefahr des Abdriftens in die bewachsene Uferzone. Gefährdet sind dadurch naturnahe Schilfflächen bzw. die Röhricht- und Schwimmblattzonen. Diese Areale sind auch beim Verlassen des Gewässers gefährdet,

z. B. beim Abspringen oder Durchwaten der flachen Uferzone.

In ökologisch empfindlichen Bereichen kann es durch das »wilde« Baden der Erholungssuchenden zu linienhaften Trittverdichtungen des Bodens und zu Trittbelastungen der vorhandenen Vegetation (z. B. beim Vordringen zum Wasser durch Röhrichtbestände) kommen. Das massenhafte und häufige Lagern kann zur flächenhaften Schädigung der ökologisch empfindlichen Verlandungsvegetation führen. Weitere Belastungen der ufernahen Vegetation durch Badende ergeben sich beim Durchschwimmen naturnaher Flachwasserzonen sowie durch das »Einfahren« mit Luftmatratzen oder Schlauchbooten. Äußerst problematisch ist das Anlegen von »künstlichen« Stränden mittels Sandaufschüttungen. Die Folgen sind vegetationslose Uferzonen, die verstärkt der Erosion und Abspülung ausgesetzt sind. Kritisch ist zum Teil auch das Errichten von DLRG-Stationen oder das Anlegen von Schwimminseln im ufernahen Bereich einzuschätzen (vor allem in ökologisch empfindlichen Zonen). Auch das ungeordnete Abstellen von Fahrrädern, motorisierten Zweirädern sowie Kraftfahrzeugen – insbesondere auf unbefestigten Flächen – kann Bodenverdichtungen und Vegetationsschäden verursachen.

Störwirkungen

Vornehmlich brütende und rastende Vogelarten können durch die Nichteinhaltung des gebotenen Abstandes von den Surfern beunruhigt werden. Je nach Vogelart liegt die Fluchtdistanz zwischen 50 und mehreren hundert Metern. Bei Unterschreitung der Fluchtdistanz flüchtet das Tier. Wird dadurch während der Brutzeit das Nest längere Zeit allein gelassen, können die Eier auskühlen bzw. die Jungtiere ihren natürlichen Feinden zum Opfer fallen.

Die höhere Störanfälligkeit der Vogelwelt durch Surfer ist vermutlich auf die Bewegungsintensität (Segel, Körper) zurückzuführen; schon wenige Surfer können zur Vertreibung bzw. Beeinträchtigung der Wasservögel beitragen. Untersuchungen an einer 60 ha großen Wasserfläche (Baggersee) haben ergeben, daß bereits ein einziger Surfer (bzw. Segler) 89% der Avifauna vertreiben kann.

Der mit dem Badevergnügen verbundene Lärm stellt gerade bei naturnahen Gewässern eine zusätzliche Belastung der Tierwelt dar. Besonders evident sind die Störwirkungen auf die Fauna bei der Mißachtung von festgelegten Sperrzeiten für Gewässer zum Schutz brütender Wasservögel.

Schadstoffeintrag

Ein besonderer Aspekt beim Baden ist die Verwendung von Sonnenschutzmitteln. Sind diese nicht vollständig in die Haut »eingezogen« bzw. werden diese übermäßig aufgetragen, bleibt nach dem Schwimmen ein öliger Film auf der Wasseroberfläche zurück, der z. T. nur sehr langsam wieder abgebaut werden kann. Ein erhebliches Umweltproblem stellt der Eintrag von Fäkalien und Urin dar, der zu nicht quantifizierbaren Gewässereutrophierungen führt. Vor allem kleinere und abflußlose Stillgewässer sind durch diesen »Schadstoffeintrag« betroffen. Ein evidentes Problem sind weggeworfene bzw. zurückgelassene Abfälle in der Landschaft (z. B. Flaschen, Dosen, Papier, Plastikbehälter). Diese tragen erheblich mit zur Verschmutzung bei. Infolge des erhöhten PKW-Aufkommens an naturnahen Gewässern an Sommerwochenenden kommt es durch Kfz-Abgase zu einer erhöhten Schadstoffbelastung der umliegenden naturnahen Bereiche.

*Flächenverbrauch und
Landschaftsbildveränderungen*

Neuerdings sind Einrichtungen zum stationären Lagern von Surfbrettern am bzw. im Wasserbereich im Gespräch. Die Errichtung solcher Anlagen in Ufernähe mit entsprechenden Infrastruktureinrichtungen können das Landschaftsbild negativ beeinträchtigen. Temporär (vor allem an Sommerwochenenden) werden Uferbereiche durch Ansammlungen von abgelegten Surfbrettern und Surfsegeln »zugedeckt«. Zusätzlich kann der »Wagenpark« der Surfer das Bild einer Landschaft erheblich verändern.

In der Regel folgen dem unreglementierten Badebetrieb nach einiger Zeit mobile Imbißwagen, aber auch Kioske oder sogar Restaurationsbetriebe. Auch ausgewiesene Badestellen weisen eine Vielzahl von Infrastruktureinrichtungen (Badestege) und Folgeeinrichtungen auf. Diese können ebenso wie das Errichten monotoner und der Landschaft nicht angepaßter Container-Bauten (DLRG-Stationen, Umkleidekabinen, Toiletten etc.) das Landschaftsbild negativ beeinflussen.

Tips

Surfen und Baden sind per se keine umweltschädigenden Freizeitaktivitäten. Umweltbelastungen beruhen auf der z.T. massenhaften Ausübung und zeitlichen Konzentration sowie in der Inanspruchnahme schutzwürdiger Bereiche.

An- und Abfahrt umweltfreundlich gestalten

- Es sind keine einsamen und »unberührten« Gewässerbereiche aufzusuchen.

- Nach Möglichkeit sollten Verkehrsmittel des öffentlichen Nahverkehrs und das Fahrrad benutzt oder Fahrgemeinschaften gebildet werden.

Einschränkungen vor Ort zum Schutz von Natur und Landschaft

- Einschränkungen des Betretungsrechtes bzw. räumliche und zeitliche Beschränkungen der Gewässernutzung sind zu befolgen.

- Naturschutzgebiete und Schilf- und Röhrichtzonen sind Tabuzonen und dürfen weder landseitig noch wasserseitig betreten bzw. befahren werden.

- Besonders in Refugien für bedrohte und empfindliche Arten, vorwiegend während der Nist-, Brut- und Ruhezeiten, sind Surf- und Schwimmaktivitäten nur bedingt auszuüben.

- In Gebieten mit überwinternden Zugvögeln sollte weitgehend auf die Möglichkeit verzichtet werden, mit Hilfe von Spezialkleidung auch außerhalb der warmen Jahreszeit zu surfen.

- Zu meiden sind Kies-, Sand- und Schlammbänke sowie seichte Gewässer (Grund: Rast- und Aufenthaltsplatz von Vögeln, Laichgebiete).

- Uferbereiche sind ökologisch hochempfindlich. Deshalb sind nur ausgewiesene Badestellen aufzusuchen und das Surfbrett nur an dafür ausgewiesenen Einstiegsstellen bzw. von Stegen aus

ins Wasser zu lassen. Kein Lagern im Bereich ökologisch empfindlicher Ufervegetation!
- Kein Durchschwimmen bzw. Durchfahren mit Luftmatratze und Surfbrett von Schilf- und Röhrichtzonen.
- Die Gewässer sind nicht als Kloake zu benutzen.
- Selbstverpflegung verhindert das übermäßige Ansiedeln von Imbißbuden etc. Jedoch ist zu gewährleisten, daß Essensreste und anfallender Verpackungsmüll nicht in der Landschaft liegengelassen werden.
- Bei Aktivitäten im Wasser muß ausreichend Abstand zum Schilf bzw. Röhricht gehalten werden. Hilfreich ist dabei folgender Trick: Wenn das Schilf bzw. der bewachsene Uferbereich mit dem Daumen der ausgestreckten Hand abgedeckt werden kann, ist der Abstand ausreichend.
- Zu Vogelansammlungen sollte je nach Windrichtung 150 bis 300 Meter Distanz eingehalten werden.
- Keine Benutzung von Radio- und Kassettenspielgeräten u. ä. in naturnahen Bereichen sowie während der Brutzeiten.
- Sonnenschutzmittel sind erst nach dem Schwimmen auf die Haut aufzutragen.

2.2 Alpiner Skisport und Skilanglauf

Als Skisportarten haben sich durch die Differenzierung der Sportgeräte neben dem klassischen alpinen Skisport, inklusive Varianten- und Gletscherskifahren, Trick-Ski, Gleitsegeln, Snow-Boarding, Swingbo, Snow-Mobils, »Schneefloß« und »Bullule« auch Skilanglauf, Biathlon und Skifliegen etabliert. Für den alpinen Skisport wurden meist zuerst die

»Hausberge« der Bergdörfer erschlossen. Inzwischen geht der Trend hin zu schneesicheren Hochlagen. Zunehmend kommt das Befahren von Gletschern in Mode. Für den Skilanglauf werden heutzutage maschinell gespurte Loipen hergerichtet.

Ca. 700 000 Aktive sind in Vereinen organisiert. Die Zahl der nichtorganisierten Wintersportler liegt bei weitem höher. Geschätzt wird, daß fast 15% aller (West-)Bundesbürger wintersportliche Aktivitäten ausüben; man spricht von bis zu 6 Mio. Menschen, die im Winter Langlauf ausüben und von 3 bis 4 Mio., die in einer Saison Ski-Alpin betreiben.

Die vom massenhaft betriebenen Skisport und seinen Infrastruktureinrichtungen verursachten Umweltbelastungen gehören heute zu den am umfassendsten untersuchten Konfliktbereichen zwischen Freizeitnutzung und den Belangen des Natur- und Umweltschutzes.

Umweltauswirkungen

Bodenstrukturveränderungen

Für die Erweiterung bzw. Neuanlage von Skipisten sowie für Aufstiegshilfen (Skilifte, Seilbahnen) werden häufig großflächige Waldrodungen vorgenommen und Schneisen geschlagen. Diese Beeinträchtigungen oder Zerstörungen des Bergwaldes haben eine Verminderung der Schutzfunktion des Waldes für die Tallagen zur Folge. Aus skisport-technischen Sicherheitsgründen werden die Baumstümpfe mit herausgerissen. Diese Bereiche sind Ausgangspunkte für Erosionen: Steinschlag, Lawinen, Erdrutsche (Vermurungen) oder Überschwemmungen können die Folge sein.

Im Rahmen von Pistenplanierungen werden Felspartien gesprengt und verschoben, selbst Bergbäche verfüllt oder verrohrt sowie die Vegetationsdecke aufgerissen. Gravierend ist, daß sich durch die Zerstörung der Vegetationsdecke das Mikroklima verändert. Mangelnder Vegetationsschutz erhöht auch hier das Erosionsrisiko.

Durch den eigentlichen Skibetrieb kommt es zur Verdichtung der Schneedecke. Die gepreßte Schnee- und Eisschicht ist kaum luftdurchlässig, die Atmung der zum Teil darunter grün überwinternden Pflanzen wird behindert. Ersticken, Fäulnisbildung und Schneeschimmelbildung sind die Folge. Verdichtete und vereiste Stellen verzögern zudem die Schneeschmelze um ein bis zwei Wochen, was zu einer Verkürzung der Vegetationsperiode führen kann.

Skilaufen auf zu niedrigen Schneehöhen (unter 30 cm) birgt die Gefahr, daß durch die scharfen Kanten der Skier die Vegetation regelrecht abrasiert wird bzw. die Pflanzenwurzeln mit ausgerissen werden. Nach der Schneeschmelze werden vegetationslose offene Stellen (»Blaiken«) an Unebenheiten, Geländekanten, Kuppen und Abschwingstellen sichtbar. Humusschwund und einsetzende Erosion zerstören nachträglich die Pistenoberfläche. Die intensive Pistenpflege mit Pistenraupen und -walzen, die Präparierung der Loipen mit Motorschlitten und Loipenspurgeräten und der Einsatz von Schneekanonen (Kompaktschneegeräte) verstärken die genannten Schäden.

Problematisch ist die starke Abnahme der Wasserspeicherfähigkeit des Bodens durch Planierungsmaßnahmen der Skipiste. Dies führt ebenso wie die Zerstörung der natürlich gewachsenen Bodenstruktur durch künstlich geschüttete Böschungen letztendlich zu großflächigen Erosionsschäden, Rutschungen, Sackungen und Murgängen. Diese Schäden treten insbesondere in geologisch labilen Gebieten auf. Ingenieurtechnische Eingriffe in Natur und Landschaft wie die Errichtung von Infrastruktureinrichtungen (z.B. Parkplätze, Zufahrtsstraßen, Hotels, Skihütten, Seilbahnen, Gebäude für Ver- und Entsorgung) verschärften diese Problematik in ökologisch empfindlichen Bereichen.

Niederdruck-Propellermaschinen (Schneekanonen) erzeugen mit Druckluft und Wasser künstliche Schneekristalle. Der Wasserhaushalt der jeweiligen Regionen wird dadurch in besonderem Maße belastet; im Winter herrscht »Niederwasser« in den Böden vor und dieses wird für den künstlichen Schnee herausgepumpt. Die Folge ist, daß in dieser wasserarmen Frostzeit des Berglandes oft Bäche austrocknen.

Störwirkungen

Der Störeffekt des Skitourismus (z.B. das Fahren im Tiefschnee abseits der markierten Loipen und Pisten) erstreckt sich weit über die unmittelbar betroffene Fläche hinaus. Es besteht die Gefahr, daß der natürliche Äsungsrhythmus des Schalenwildes während der Zeit des Nahrungsengpasses im Winter nachteilig verändert wird und es zur Abwanderung des Wildbestandes aus dem Grenzbereich des Skigebiets in abgelegenere Gebiete kommt. Dort treten dann wegen Nutzungskonkurrenzen massiv Verbiß- und Schälschäden am Baumbestand auf.

Werden beim Wild Fluchtreaktionen durch Skiläufer ausgelöst, erhöht sich dessen Energiebedarf erheblich. Im Zusammenhang mit dem verursachten Rückgang des Nahrungsangebotes kann es zu Bestandsrückgängen gefährdeter Arten kommen, z.B. des Auerhahns. Die neuen Varianten des Skisports, die »Snow-Mobils« (Motorschlitten), das Paragliding in Verbindung mit Skiern und insbesondere das Heliskiing, führen zu einer weiteren Lärmbelästigung abgelegener und bisher wenig frequentierter Regionen. Beim Heliskiing werden die Skisportler mit Hilfe von Hubschraubern zu hochalpinen Abfahrtspunkten befördert. Durch den Lärm des anfliegenden Hubschraubers flieht das Schalenwild oft panikartig.

Weitere Störfaktoren für das Wild sind Skitouren bei Flutlicht bis hinein in die Abenddämmerung oder in die Nacht, die »Beobachtung« der Tiere abseits der vorgegebenen Loipen und Pisten, der Lärm von »Schneekanonen« sowie das erhöhte Verkehrsaufkommen – speziell an Wochenenden. Nicht minder nachteilig wirken sich für das Wild die unregelmäßig und z. T. schon mit Beginn der Morgendämmerung fahrenden »lauten« Loipenwalzen und Loipenpflegegeräte aus.

Schadstoffeintrag

Zur Verbesserung der Schneeverhältnisse (bei niedriger Schneehöhe) sowie zur Verlängerung der Skisaison werden über Beschneiungsanlagen auch Chemikalien wie Kalziumchlorid, Ammoniumsulfat und Natriumchlorid oder spezieller Schneefestiger wie Schneezement – er besteht überwiegend aus einem Stickstoffdüngemittel – eingesetzt. Der Einsatz dieser Chemikalien belastet die Gewässer, verzögert durch ein überhöhtes Stickstoffangebot die Winterruhe der Vegetation und erhöht die Frostgefährdung des Bodens. Bei Fortsetzung der chemischen Präparation der Skipisten kann es zu einer Verschärfung der jetzt schon angespannten Versorgung mit Trinkwasser in zahlreichen Wintersportgemeinden kommen. In den Alpen sind zur Zeit ca. 4000 Schneekanonen im Einsatz.

Die Funktion der Gletscher im Hochgebirge als Trinkwasserreservoir wird durch die Verwendung von Salz zur besseren Befahrbarkeit des Schnees gefährdet. Zusehends leidet die Wasserqualität des Gletschers auch unter den Resten von Skiwachs und Sonnenöl.

Verbrennungsrückstände und Öl aus Pistenfahrzeugen sowie der starke Kfz-Verkehr auf den Zufahrtsstraßen belasten zusätzlich die Umwelt. Ein nicht unerhebliches Problem sind die vom Skifahrer zurückgelassenen Abfälle in der Natur. Besonders problematisch ist die Entsorgung des anfallenden Mülls aus Berg- und Schutzhütten sowie Berghotels, bei denen keine Zufahrt besteht. Vernachlässigt wird in den meisten Wintersportorten eine geordnete Müllentsorgung.

Zu erwähnen ist noch der enorme Energieverbrauch, der für Liftanlagen, für die Wintersport-Folgeeinrichtungen, wie z.B. Schwimmbäder, Saunen und Solarien, und für den Betrieb von Schneekanonen anfällt.

Flächenverbrauch und Landschaftsbild

Insbesondere in den Alpen und in den schneesicheren Mittelgebirgen wurden in den vergangenen Jahren kontinuierlich neue Skipisten und Loipen angelegt und bestehende Anlagen erweitert. Für den Alpenbereich werden 40000 präparierte Skiabfahrten sowie 12000–15000 Aufstiegshilfen beziffert. Die mittlere Größe einer Skipiste (mit Liftstationen) in den Alpen wird mit 1300 x 50 Meter, im Mittelgebirge mit 150 x 50 Meter angegeben. Konkrete Daten über die Flächeninanspruchnahme liegen jedoch nur aus Österreich vor. Dort beträgt der Anteil der Pistenflächen in einzelnen Kommunen bereits zwischen 5 und 10% der Gemeindeflächen.

Gespurte Loipen werden in einer Länge von 10 bis 20 km angeboten. Häufig werden Rundkurse angelegt, die bis zu 3 oder 4 Laufspuren pro Loipentrasse aufweisen. Im Schwarzwald gibt es ungefähr 160 örtliche Loipen mit einer Gesamtlänge von 2000 km. Der Deutsche Naturschutzring nennt für die alten Bundesländer eine Flächeninanspruchnahme für Loipen von 4400 ha.

Die Anziehungskraft eines Wintersportortes wird durch gute (und durch ein sich ständig erweiterndes Angebot an) Loipen und Pisten erhöht. Steigende Übernachtungszahlen und Umsatzsteigerungen im Ort führen zu einem weiteren Ausbau der kommunalen Infrastruktur. Die Folge ist, daß häufig an exponierten Stellen »Sonnenterrassen«, Hotels, sanitäre Einrichtungen und Restaurationsbetriebe errichtet werden. Neuerdings ist es den Freizeitsportlern in den schweizerischen Alpen möglich, per U-Bahn »auf die Berge« zu fahren. Als Folge des Skitourismus erhöht sich auch die Nachfrage nach Zweitwohnungen und Feriendörfern in den Wintersportgemeinden. Die Maßnahmen verringern die Anteile naturnaher Flächen und führen zu einer Zersiedlung der Landschaft.

Diese Verstädterung der Skigebiete, u. a. durch immer breitere Einfallstraßen und »Rolladensiedlungen«, führte in den letzten 20 Jahren zu einer Zerstörung der Schönheit vormals bäuerlicher Kulturlandschaften. Mittel- und langfristig vermindert sich dadurch ihr Erholungswert. Durch die Trostlosigkeit sommerlicher Pistenlandschaften, z. B. durch die in der Landschaft stehenden Stützpfeiler und das Kabelgewirr der Lifte, Schlepper und Gondelbahnen, erodierter und vegetationsloser Berghänge, ist bereits ein Rückgang des Sommertourismus in vielen Skigebieten der Alpen festzustellen.

Tips

Die umweltschädigenden Auswirkungen wintersportlicher Freizeitaktivitäten sind sehr vielschichtig. Umweltverträgliches Verhalten beim Skisport ist daher nicht losgelöst von den grundsätzlichen Entwicklungen im Bereich des Tourismus in den Wintersportregionen/-gemeinden zu betrachten. Trotzdem kann der einzelne Skifahrer durch ein umweltgerechtes Verhalten Schäden verringern helfen und positive Veränderungen in der Kommune mittragen bzw. diese unterstützen.

An- und Abreise umweltfreundlich gestalten

- Statt vieler Wochenendtrips ins Gebirge ist eine längere Aufenthaltsdauer zu planen. Dies kommt der eigenen Erholung zugute, vermindert Verkehrsströme und trägt zur Reduzierung der Spitzenbelastungen an den Wochenenden bei.
- Zur Anreise sind Angebote von Bahn- und Busreisen wahrzunehmen. Bei einem unvermeidlichen Pkw-Gebrauch sind Fahrgemeinschaften zu bilden.
- Sorgfältige Planung des Skiurlaubs bzw. der Anreise. Der Urlaubsort sollte bewußt unter Umweltschutzgesichtspunkten ausgewählt werden:

– Erreichbarkeit des Ortes mit öffentlichen Verkehrsmitteln.

– Es sind Unterkünfte zu wählen, die in Orts- bzw. Skigebietsnähe liegen.

– Geprüft werden sollte die fußläufige Erreichbarkeit der Liftanlagen oder deren Anbindung an öffentliche Verkehrsmittel.

- Erkennbarer Verzicht des Skigebietes/-ortes auf weitere Erschließungsmaßnahmen für den Skitourismus, Verzicht auf den Einsatz von Schneekanonen bzw. schweren Pistenbearbeitungsgeräten.
- Es sollten keine Orte ausgewählt werden, in denen die Zahl der Gäste die Anzahl der Einheimischen übersteigt. Ziel muß ein ausgewogenes Verhältnis von Gästen und Einheimischen sein.
- Zu prüfen ist, ob ein Angebot von variablen Liftpässen vorhanden (7-Tage-Paß an 10 Tagen einlösbar) ist.
- Bestehen neben der Ausübung des Skilaufens noch weitere Aktivitätsmöglichkeiten wie Rodeln, Eislaufen, Curling? Wenn diese ohne aufwendige Infrastruktur angeboten werden, sind diese mit in die Planung einzubeziehen.

- Bei Unterkünften in Selbstversorgerhütten sollten die Möglichkeiten zur »Ökologisierung des Alltags« ausprobiert und angewendet werden (z. B. beim Essensplan, bei der Lebensmittelauswahl, beim Putzen, Abfallbeseitigung, Wasserverbrauch etc.).
- Um Monotonie, Einseitigkeit und Urlaubsstreß zu vermeiden, sind skifreie Tage einzuplanen (z. B. Wanderaktivitäten). Das erhöht das Natur- und Erholungserlebnis und schont Natur und Landschaft. Als »Skifreie Zeiten« bieten sich insbesondere bei schlechter Schneelage Gespräche mit ortsansässigen Umwelt- und Naturverbänden sowie kulturelle Alternativprogramme an.

Einschränkungen vor Ort zum Schutz von Natur und Landschaft

- Auf jeden Fall im Pistenbereich bzw. auf Loipen bleiben. Abfahrt in Waldgebiete und Schonungen meiden.

- Skifahren nur auf ausreichender Schneehöhe (ab 30 cm).

- Zur Schonung der Vegetation bzw. zur Verhinderung von Erosion schneefreie Stellen weiträumig umfahren.

- Kein Tiefschneefahren, kein Heliskiing betreiben und nicht in entlegenen Regionen skifahren.

- Gletscher-Skigebiete sind aufgrund ihrer hohen ökologischen Empfindlichkeit grundsätzlich nicht zu frequentieren!

- Meiden von Wildunterständen und Futterplätzen, um das Wild nicht unnötig aufzuschrecken. Keine Wildspuren verfolgen!

- Keine Skifahrten auf künstlich beschneiten Pisten. Auf Betreiber und Träger von Skipisten einwirken, daß eine künstliche Beschneiung unterlassen werden sollte (Kritik üben!).

- Keine Skitouren bei Flutlicht sowie generell in der Abend- und Morgendämmerung.

- Keine gespurten Loipen benutzen, wenn diese durch Naturschutzgebiete führen (Kritik üben!).

- Verzicht auf Modesportgeräte wie Monoski und Snowboard. Sie verführen zu Tiefschneefahrten abseits der Pisten.

- In der Landschaft ist kein Abfall zurückzulassen!

- Auf Skiwachs sollte nach Möglichkeit verzichtet werden.

2.3 Radsport und Mountainbiking

Über 100 000 Radsportler sind im Deutschen Sportbund der alten Bundesländer organisiert. Die Zahl der Vereinsmitglieder sagt allerdings wenig über das Radfahren als Freizeitaktivität aus. Es gibt ca. 44 Mio. Fahrräder, verteilt auf 85% der Haushalte im alten Bundesgebiet. Fast ein Viertel der westdeutschen Bevölkerung benutzt das Fahrrad als zweckgebundenes Fortbewegungsmittel für Wege zwischen Wohnung und Arbeitsstätte, zum Einkaufen, im Urlaub sowie zur freizeitsportlichen Betätigung. Programme der Länder und Kommunen zum Ausbau der Radwegenetze belegen die zunehmende gesellschaftliche Bedeutung des Fahrrades als Fortbewegungsmittel.

Das Radfahren ist als umweltneutral bzw. umweltfreundlich zu bezeichnen, da vorzugsweise befestigte Straßen und Wege benutzt werden. Allerdings trifft das nicht auf das sogenannte »Querfeldein-Rennen« mit Rennrädern sowie in erster Linie auf die in Mode gekommene Nutzung des klettertauglichen Vielgangrades Mountainbike (MTB) bzw. All-Terrain-Bike (ATB) zu. Diese Modeerscheinung führt zu erheblichen Belastungen der Natur und Landschaft. Erstmals kommt das Fahrrad in den Ruf, naturzerstörend zu sein.

Das Mountainbiking ist ein Beispiel für die Diversifizierung von Freizeitprodukten (Fahrrad-Rennrad-Tourenrad-MTB/ATB), die es dem Produzenten von Freizeitartikeln ermöglicht, neue Märkte zu erschließen, um dem Wunsch weiter Bevölkerungskreise nach »exotischeren« Freizeitaktivitäten nachzukommen. Äußerst kritisch ist die Werbekampagne von Anbietern von MTB/ATB mittels Videos und Anzeigen in Zeitschriften zu sehen. Fatal ist, daß in zunehmenden Maße das Offroad-Biking propagiert wird. Vielfach werden auf »getürkten« Fotos MTBs vor bzw. auf Gebirgsfelsen dargestellt (»Ein starkes Stück Freiheit« oder »Natur aktiv genießen«).

Die Zahl der Mountainbike-Fahrer wird mit 300 000 angegeben. Bereits 1988 betrug der Anteil der Mountainbikes an der Gesamtproduktion der Deutschen Fahrradhersteller 20%. 1989 sollen in den alten Bundesländern über 500 000 Mountainbikes verkauft worden sein, 350 000 in Österreich. Viele Fremdenverkehrsorte bieten die robusten Drahtesel zur Freizeitverbringung inzwischen vor Ort an (z. B. ist das bei 70 Kommunen in Tirol der Fall).

Umweltauswirkungen

Bodenstrukturveränderungen

Das Mountainbiking (»Radbergsteigen«) wird vorwiegend auf unbefestigten Feld- und Wanderwegen durchgeführt. Durch Ausweichmanöver treten Erosionserscheinungen verstärkt an schmalen Wegen oder Pfaden auf. Problematisch ist, daß sich die Mountainbike-Fahrer häufig nicht an die vorgegebene Wegeführung halten. Sie fahren so, wie sie es »visuell« aus der Werbung kennen: kreuz und quer. Bevorzugt werden von Mountainbikern abgelegene, ökologisch wertvolle Wald- und Gebirgsgegenden aufgesucht. Es wird in Gebieten mit abwechslungsreicher Topographie und hoher Reliefenergie querfeldein über Wiesen, Hänge, schmale Grate und durch Bachbetten gefahren. Die Folgen sind Bodenerosionserscheinungen, die Zerstörung der Vegetationsdecke sowie Wurzelschädigungen. Zusätzliche Boden- und Vegetationsschäden im Gelände werden durch bewußt durchgeführte »Rutschungen« an abschüssigen Stellen, das Fahren durch verschlammte Bereiche sowie durch ein möglichst

»rasantes Talabwärts-Preschen« (»über Stock und Stein«) hervorgerufen.

Störwirkungen

In Mittel- und Hochgebirgslagen und abseits der Wegeführungen kann es durch besonders »abenteuerlustige« Mountainbiker zur Vertreibung von Vogelbruten oder bedrohten Arten wie z. B. Gemse, Murmeltier und Greifvogel aus ihren angestammten Rückzugsgebieten kommen. Kritisch anzumerken ist, daß solche Störwirkungen erst durch die erlaubte Mitnahme des Rades in Seilbahnen oder Liften in entsprechende Gebirgshöhenlagen ermöglicht wird.

Schadstoffeintrag

Mountainbike-Fahrer können durch zurückgelassenen Müll (Getränkeflaschen) zur zusätzlichen Belastung der naturnahen Landschaft beitragen. Vorwiegend geschieht die Anreise zum Freizeitgebiet mit dem Kfz; emittierte Abgase belasten dadurch zusätzlich die naturbelassenen Räume.

Tips

Grundsätzlich ist Fahrradfahren eine umweltfreundliche Fortbewegungsart. Es ist leise, verbraucht während der Nutzung außer der Kraft des Benutzers keine weiteren Energien, produziert keine Abgase und nutzt Verkehrswege, die im Vergleich zu Autostraßen deutlich weniger Flächen und Finanzmittel beanspruchen. Ein umweltverträgliches Fahren mit MTB könnte eine Alternative zum Auto in Gebirgslagen, aber auch in Stadtgebieten darstellen.

Die negativen Auswirkungen auf die Umwelt beruhen im wesentlichen auf das durch die Werbung forcierte »Off-road-Fahren«. Neben der Änderung der aggressiven Werbung sind Beschränkungen und Lenkungsmaßnahmen vor Ort für das Fahren mit MTB notwendig. Lenkungsmaßnahmen könnten sich auf spezielle Angebote für MTB-Fahrer beziehen, wie die Ausweisung spezieller MTB-Routen entlang befestigter Feld- oder Forstwege, oder die Einrichtung eines Übungsgeländes mit Beschilderung. Über entsprechende Angebote sollte die Gemeinde informieren.

Das Mountainbiking ist in besonders schützenswerten Bereichen zu verbieten; im Klein-Walsertal ist dies z. B. bereits geschehen. Generell zu untersagen ist die Mitnahme von MTBs in Seilbahnen und Lifts.

An- und Abreise umweltfreundlich gestalten

- Bereits bei der (Aus-) Wahl der Region bzw. des Zielortes sollte eine grobe Kenntnis über das vorhandene Wege- und Straßennetz vorhanden sein; des weiteren detailliertere Kenntnisse über die Erreichbarkeit der möglichen Tourengebiete mit öffentlichen Verkehrsmitteln.

    Maxime: Fahrradtour bereits im Ort beginnen

- Gemeinden, die mit Mountainbiking als Attraktion werben (z. B. mit dem Fahren über »Stock und Stein«), sollten nicht aufgesucht werden (fehlendes Umweltbewußtsein der Kommune ist nicht zu fördern!).

- Die An- und Abreise zum Zielort sollte möglichst mit den öffentlichen Verkehrsmitteln erfolgen, ansonsten Pkw-Fahrgemeinschaften bilden.

Einschränkungen vor Ort zum Schutz von Natur und Landschaft

- Vor Ort über geeignete Rad- und Wanderwege bzw. Straßen und deren Zustand sowie über vorhandene Schutzzonen informieren. Entsprechende Schlüsse ziehen, die ein umweltgerechtes Verhalten ermöglichen.

- An umweltorientierten Fahrradtouren teilnehmen, die von Umwelt- und Naturschutzverbänden sowie von der Kommune angeboten werden.

- Mit dem Mountainbike nur auf befestigten und ausreichend breiten Wegen und Straßen fahren.

- Jederzeit kontrolliert (Bergab-)Fahren. Das Fahren »kreuz und quer« bzw. »über Stock und Stein« sollte grundsätzlich unterbleiben.

- Um Störungen von Flora und Fauna zu vermeiden, sind Fahrten im Wald oder in entlegenen und wenig frequentierten Gebieten auf ein Mindestmaß zu beschränken (wichtig: Lärm vermeiden).

- Das Durchfahren von Sand, Schotter oder Schlamm ist zu vermeiden (absteigen und schieben). Keine langgezogenen Bremsungen im Gelände durchführen.

- Spaziergängern und Wanderern ist stets auszuweichen; dabei aber nicht den Weg verlassen. Notfalls absteigen und schieben; dann weiterfahren.

- Bei Touren möglichst wenig Verpackungsmaterial mitnehmen.

- Umweltfreundliche Produkte und Verpackungen nutzen und vor allem keine Abfälle in der Landschaft zurücklassen. Müll mit nach Hause nehmen und umweltgerecht entsorgen.

- Wenn überhaupt notwendig, hat ein Transport der

MTB vor Ort mit dem öffentlichen Nahverkehr zu erfolgen.

- Das Naturerlebnis ist über den Wunsch nach sportlichen Höchstleistungen zu stellen.

2.4 Wandern, Spazierengehen, Picknicken, Lagern

Wandern, Spazierengehen und »Ausflüge machen« gehören zu den beliebtesten außerhäuslichen Freizeitaktivitäten. Über 20 Mio. Menschen gehen dieser Form der Freizeittätigkeit regelmäßig in den alten Bundesländern nach. Der Sachverständigenrat für Umweltfragen erwartet, daß das Wandern bzw. das Spazierengehen weiter an Popularität gewinnt und prognostiziert bis 1995 eine Zunahme der Aktivitäten um 15%. Wandern ist keine Freizeitsportart im Organisationsbereich des Deutschen Sportbundes. In der alten Bundesrepublik gab es 510 000 Mitglieder in 2700 Gebirgs- und Wandervereinen. 1985 wurden 89 000 Wanderungen von den Vereinen angeboten. Das sind rein rechnerisch an jedem Tag 243 geführte Touren mit durchschnittlich 23 Teilnehmern und einer Wanderstrecke von 17 km.

Die Motivation zur Ausübung der Freizeitaktivitäten wie Wandern, Picknicken u. ä. liegt vor allem im Bedürfnis begründet, »Natur zu erleben«. Wandern und Spazierengehen gehören zu den stillen, »sanften« Freizeitaktivitäten. Sie ermöglichen eine große Erlebnisvielfalt, intensive Naturbeobachtung und sind gesundheitsfördernd. Umweltproblematisch sind diese Aktivitäten, wenn sie sich räumlich konzentrieren, massenhaft ausgeübt und mit »naturschädlichen« Handlungen wie Sammeln und Pflücken von seltenen Pflanzen verbunden werden. Geschätzt wird ein Jahresaufkommen an Waldbesuchern in den alten Bundesländern von 1,2 Milliarden, was 168 Besucher pro ha und Jahr entspricht. In stadtnahen Bereichen (z. B. München) wurden im Tagesdurchschnitt bis zu 90 Besucher pro ha festgestellt.

In den letzten Jahren erlebt das Bergwandern einen Boom. Die »Wiederentdeckung« dieser Freizeitaktivität verursacht jedoch Konflikte in der ökologisch sensiblen Bergwelt. Durch Höhenlage und Exponiertheit dieser Regionen (u. a. kürzere Vegetationszeit) und durch hohe Besucherfrequenzen vor allem an Wochenenden und Urlaubszeiten können erhebliche Umweltprobleme entstehen.

Umweltauswirkungen

Bodenstrukturveränderungen

Das Wandern kann bei massenhafter und punktueller Ausübung zur Bodenverdichtung und -erosion führen. Überwiegend im (Hoch-) Gebirge entstehen durch Trampelpfade in Fallinie zum Berg Rinnen, die vom Regen ausgewaschen werden und die in der Folge zur Erosion von Berghängen führen können. Weitere Schäden durch Wanderaktivitäten im Gebirge verursacht das Lostreten von Steinen bzw. von Geröllmassen. Zu kritisieren ist, daß für die Wegeerschließung im Gebirge z. T. ökologisch wertvolle Bereiche aufgeschüttet werden.

Beim Verlassen der Wege und Tourenpfade sowie infolge des Lagerns sind insbesondere Wiesen mit artenreicher Vegetation (z. B. Farn- und Blütenpflanzen), Schonungen und Räume mit geringer Belastbarkeit wie Gipfel- und Kammlagen, (Hoch-) Moore, Dünen, Strand- und Uferbereiche, Quellgebiete, Auenwälder etc. gefährdet. Untersuchungen belegen, daß die größten Vegetationsveränderungen entlang der Wanderwege vorkommen, da parallel zu diesen häufig sogenannte »Trampelpfade« entstehen (Folgen: Zerstörung der Grasnarbe und Ausuferung der Wegeführung). Zur Artendezimierung führt auch die Sammeltätigkeit (Pilz- und Beerensuche) und vor allem das Abpflücken der Flora entlang der Wander- und Spazierwege, weil die Wurzelmasse vielfach mit herausgerissen wird.

Störwirkungen

Verhaltensweisen wie das »Flüstern« oder das »Anpirschen« beim Anblick von Wildtieren sind auch als Störfaktoren einzustufen, da besonders diese »anormalen« Verhaltensweisen die Tiere aufscheuchen. Vorzugsweise in einsamen Strand-, Wald- und Bergregionen kann es dadurch zu erheblichen Störungen der Lebensräume seltener und gefährdeter Tierarten kommen (z. B. in der Nähe von Brut- und Nistplätzen; Folge: Gelegeverluste). Problematisch sind des weiteren Nachtwanderungen sowie die Mißachtung zeitlich befristeter Routen. Ein weiterer Gefahrenherd für das Wild ist ein den Spaziergänger oder Wanderer begleitender Hund, der nicht an der Leine geführt wird.

Schadstoffeintrag

Abfälle (liegengelassene Essensreste, Plastikbehälter, Verpackungen etc.) belasten zusehends die Landschaft. Die Folge ist, daß diese (Nährstoff-) Zufuhr die Bodenflora, den Boden und die Oberflächengewässer verändern und eutrophe Pflanzengesellschaften wie Brennesseln und Ruderalpflanzen sich ansiedeln. Für den Alpenbereich wird geschätzt, daß pro Hütte innerhalb eines Jahres mindestens 2 Kubikmeter Müll anfallen. Vielfach können diese Abfälle nur unvollständig beseitigt werden (fehlende Müllentsorgung durch nicht vorhandene Zufahrt). Auch die Abwässer (z. B. Fäkalien) von Berghütten verursachen ökologische Probleme. So wurde das Auftreten gesundheitsschädlicher Keime im Trinkwasser von Garmisch-Partenkirchen auf ungereinigte Abwässer u. a. aus Berghütten zurückgeführt.

Flächenverbrauch und Landschaftsbild

Das Deutsche Wanderwegenetz (West) erreicht fast die Länge von 194 000 km. Das entspricht einer Strecke des vierfachen Erdumfangs. Allein die Rundwanderwege sind 57 000 km lang. Die Dichte des Wegenetzes beträgt beispielsweise im Naturpark Südeifel z. T. 14 km pro km². Ein zu engmaschiges Wanderwegenetz führt insbesondere in Waldgebieten zu einer nicht gewollten Kleinparzellierung.

Nicht unwesentlich tragen Infrastrukturmaßnahmen und -einrichtungen zur Flächeninanspruchnahme bzw. zur Veränderung des Landschaftsbildes bei (z. B. die übermäßige Markierung der Rundwanderwege, übergroß dimensionierte Wanderparkplätze, das Anlegen von Grill-, Picknick- und Spielplätzen, von Schutzhütten und Trimmpfaden. Diese »Möblierung« der Landschaft ist vielfach Ausgangspunkt für »wildes« Zelten oder das Befahren gesperrter Wege. Berghütten und Ausflugslokale mit Massenbetrieb, die das Landschaftsbild stören, sind ebenso zu kritisieren wie das »wilde«, unkoordinierte Parken von Kraftfahrzeugen auf Wiesen und landwirtschaftlichen Flächen.

Tips

Wandern, Spazierengehen sowie Lagern und Picknicken im Freien sind umweltverträgliche Freizeitaktivitäten. Grundsätzlich bieten diese Aktivitäten vielfältige Möglichkeiten zum Naturerlebnis und können dazu beitragen, die Menschen für die Belange der natürlichen Umwelt zu sensibilisieren. Diese Freizeitaktivitäten sind daher eher zu fördern als zu beschränken. Trotzdem sind begleitende planerische und gestalterische Maßnahmen, insbesondere für den Wandertourismus, notwendig. Wichtig ist eine sorgfältige Planung und Ausweisung von Wanderwegen bzw. -routen. Diese sollten möglichst Schutzgebiete bzw. schutzwürdige Bereiche umgehen und generell Erholungssuchende in weniger empfindliche Gebiete lenken.

Auch gestalterische Maßnahmen beeinflussen »unbewußt« das Verhalten der Spaziergänger oder Wanderer. Barrieren (z. B. Reisig oder Baumstämme) können das Verlassen von Wegen oder das Betreten empfindlicher Bereiche verhindern. Aber auch Angebotsplanungen wie das Anlegen von Bohlenstegen in Feuchtgebieten verhindern Schäden in Natur und Landschaft, helfen aber das gewünschte Naturerlebnis zu ermöglichen. Als vorbeugende Maßnahme ist u. a. denkbar, daß in abgelegenen Gebieten Gebühren für eine Hütten- und Wegepflege ebenso wie für die Entsorgung des anfallenden Mülls erhoben wird. Das Problem der Entsorgung in Berghütten kann durch den Einsatz von Trockentoiletten mit Kompostierungszusätzen (Drei-Kammer-Kläranlage) minimiert werden.

Die Natur darf nicht zum »Sportgerät« werden. Der Wanderer muß wieder stärker zur Beschaulichkeit zurückkehren. Insbesondere die Müllproblematik auf den Berghütten muß vor dem Hintergrund der hohen und steigenden Übernachtungszahlen durch sinnvolle Maßnahmen in Angriff genommen werden. In ökologisch sensiblen Bereichen in den Mittel- und Hochgebirgslagen ist nach der Maxime zu verfahren, daß kein bzw. ein nur bescheiden angebotener »Komfort« letztendlich weniger Umweltprobleme mit sich bringt.

An- und Abreise umweltfreundlich gestalten

- Die Wanderregion nach der Erreichbarkeit mit öffentlichen Verkehrsmitteln aussuchen.

- Vor Beginn der Wanderung bzw. des Urlaubs Informationen über räumlich-zeitliche Wegeverbote oder -einschränkungen und den Zustand des Wegenetzes einholen. Wirbt die Region oder der Ort mit der Länge bzw. mit einem übermäßigen Ausbau des Wanderwegenetzes, ist abzuwägen, ob es noch sinnvoll ist, diesen Flächenverbrauch durch einen Besuch zu unterstützen.

- Ist das Informationsmaterial umweltfreundlich und weist es auf umweltverträgliches Wandern hin (z. B. naturkundliche Wanderungen mit Führung; Erkundungswandern in Kombination mit Öko-Fahrradtouren)?

- Ein eventuell mitgeführtes Auto bei der Ankunft im Siedlungsbereich stehenlassen und nicht als Vehikel zum Erreichen entlegener Gebiete benutzen.

- Das Gepäck der Wanderausrüstung nach Umweltgesichtspunkten ausrichten, z. B. nur robuste Sachen mitnehmen, die auch nach der Wanderung noch benutzbar sind.

Einschränkungen vor Ort zum Schutz von Natur und Landschaft

- Möglichst die Wanderung von der Unterkunft aus beginnen, ansonsten das Fahrrad oder den öffentlichen Personennahverkehr nutzen.

- Die Wanderung nur in kleinen Gruppen durchführen (große Gruppen erzeugen u. a. viel Lärm).

- Nur markierte Wege benutzen (Hinweisschilder beachten); auf Querfeldein-Ausflüge verzichten.

- Keine »Abschneider« bei Serpentinen und sonstige Abkürzungen unternehmen.

- Unnötige Verbreiterungen von Wegen vermeiden. Auf keinen Fall vorhandene parallel verlaufende Trampelpfade benutzen. Auch keine Aufschüttungen, Hänge und Geröllfelder aufsuchen.

- Kein Lagern in Schutzgebieten, auf artenreichen Wiesen, in Moorlandschaften und in sonstigen schutzwürdigen Bereichen.

- Nach Möglichkeit keine Pflanzen pflücken. Verboten ist das Abpflücken geschützter Pflanzen; daher ist es sinnvoll, ein Bestimmungsbuch mitzunehmen!

- Wildeinstandsgebiete und ausgewiesene Schutzzonen umgehen. Tierspuren nicht verfolgen und das Wild nur aus größerer Entfernung beobachten. Das Anpirschen sollte möglichst unterbleiben. Wichtig: Ein mitgeführter Hund ist an die Leine zu nehmen!

- Möglichst wenig Verpackungsmaterial auf den Touren mitnehmen. Verzicht auf Mitnahme von Plastiktüten, Alu-Einwickelpapier und von Dosen. Generell umweltfreundliche Produkte und Verpackungen nutzen.

- Anfallende Essensreste etc. mit »nach Hause« nehmen und dort ordnungsgemäß entsorgen.
- Wenn es möglich ist und es angeboten wird, sich an der Pflege von Wanderwegen und Müllsammelaktionen beteiligen.
- Spaziergänger und Wanderer höflich ansprechen, die sich nicht umweltgerecht verhalten. Keine »deutsche« Rechthaberei an den Tag legen.
- Das Naturerlebnis sollte grundsätzlich über sportliche Höchstleistungen gestellt werden.
- Angebote des ökologischen Wanderns sollten wahrgenommen werden (z. B. vegetationskundliche und/oder ornithologische Führungen).

2.5 Tennis

Tennisanlagen liegen häufig innerhalb oder am Rande eines Siedlungsgebietes. Tendenzen zur Verlagerung von Tennisanlagen in die Außenbereiche sowie in die freie Landschaft sind jedoch zunehmend festzustellen. Tennisplätze befinden sich zumeist nicht in öffentlicher Trägerschaft; sie sind überwiegend vereinseigene Anlagen oder werden kommerziell betrieben.

Im Deutschen Sportbund sind über 2 Mio. Tennisspieler organisiert. Die Mitgliederzahl stieg von 1980 bis 1988 bundesweit um knapp 60% (»Boris-Becker-Effekt«). Die Popularität des Tennis manifestiert sich u. a. in der Rangfolge der organisierten Freizeitsportarten. Hinter Fußball und Turnen nimmt der Tennissport in den alten Bundesländern den dritten Platz ein.

Umweltauswirkungen

Bodenstrukturveränderungen

Für den Bau von Tennisplätzen, Tennishallen, mobilen Traglufthallen, für Begleitanlagen (Umkleidekabinen, Klubhaus) sowie Verkehrsflächen werden folgende Umwandlungen und Umwidmungen von Landschaftsräumen (Veränderung der Standortgegebenheiten bzw. Beseitigung spezieller Landschaftselemente) vorgenommen:

– Bodenabtrag und Bodenaufschüttungen,

– Auftrag von Belagsmaterialien auf die Bodenoberfläche,

– Errichtung von Einfriedungen und Einzäunungen,

– Verlegung von ober- und unterirdischen Ver- und Entsorgungsleitungen und

– Einbau von Be- und Entwässerungssystemen.

Die nach sportfunktionalen Anforderungen geplanten und gebauten Tennisanlagen stellen stets einen Eingriff in die Bodenstruktur dar. Der Oberboden wird vollständig abgeräumt, der Baugrund eingeebnet und verdichtet. Insbesondere der Einbau wasserundurchlässiger Beläge oder Tragschichten beeinflußt die Grundwasserneubildung. Wasserdurchlässige Kunststoffflächen sind drainiert; das Wasser wird »unproduktiv« in die Kanalisation abgeleitet. Diese Sportböden widersprechen prinzipiell den Zielen des Bodenschutzes.

Für die Sportböden der Tennisplätze finden vorwiegend Tennenmaterialen und Kunststoffbeläge Anwendung. Die Bedeutung der Tennenflächen resultiert aus ihren geringen Herstellungskosten, dem relativ geringen Unterhaltungsaufwand sowie der hohen Strapazierfähigkeit und einer relativen Witterungsunabhängigkeit (zur Bewertung der Umwelterheblichkeit von Tennenbelägen siehe Kap. 4).

Störwirkungen

Lärm aus Freizeitsportanlagen wird zunehmend als Umweltproblem verstanden. Tennisanlagen verursachen in erster Linie Störungen durch die monotonen Spiel- und Ballgeräusche (»Plopp-plopp«). Störend wirkt der unregelmäßige und unerwartete Lärm in den Abendstunden bzw. an Wochenenden, da hier das Ruhebedürfnis der Bevölkerung am größten ist. Ein weiterer Störfaktor in den Abendstunden ist die visuelle Beeinträchtigung der Umgebung durch eine Tennisplatzbeleuchtung. Die von Tennisplätzen ausgehenden Lärmbelästigungen führten in den letzten Jahren vermehrt zu sozialen Konflikten mit Anwohnern, die zum Teil vor Gericht ausgetragen wurden und bereits zur Schließung von Tennisanlagen geführt haben.

Schadstoffeintrag

Potentielle Belastungen von Boden und Wasser durch Tennenbeläge, die Problematik der Entsorgung sowie Auswirkungen auf den Freizeitsportler werden in Kap. 4 skizziert.

Relevant bei Tennisanlagen und -hallen ist der Aspekt des Energieverbrauchs. Insbesondere Hallen und mobile Traglufthallen benötigen in den Wintermonaten für Training- und Wettkampfveranstaltungen einen hohen Energiebedarf (Raumheizung, Beleuchtung).

Flächeninanspruchnahme und
Landschaftsbildveränderung

Eine mittelgroße Tennisanlage besteht aus 4 bis 5 »Courts«, einem Klubhaus mit Bewirtschaftung, Fitneßraum, Sauna, Toiletten etc., einem Parkplatz und Zufahrtsstraßen sowie Vegetationsflächen in den Randbereichen der Anlage. Des weiteren gibt es vielerorts Einrichtungen für Zuschauer, lichttechnische Anlagen sowie Ballfangschutzanlagen (Stahlmattengitter/Netze). Ein sogenannter Tennispark mit mehreren Tennisfeldern kann auch bereits einen Grillplatz, Schwimmbecken und Kinderspielplatz beherbergen.

Die durchschnittliche Größe einer Tennisanlage beträgt 670 m² (Normgröße). Tennishallen weisen Ausmaße von 648 m², 945 m² bis 1215 m² auf. Die Grundstücksgröße beträgt ca. 3000 bis 4000 m². Im alten Bundesgebiet gibt es schätzungsweise 2000 Tennishallen und ca. 20000 Tennisplätze. In den letzten 10 Jahren hat die Anzahl der Tennisanlagen in den alten Bundesländern um 142% zugenommen.

Vielfach wirken Tennisanlagen äußerst monoton und tragen daher zur Verschlechterung des Orts- und Landschaftsbildes bei. Problematisch sind die angegliederten überdimensionierten Parkplätze, die zu einer weiteren visuellen Beeinträchtigung von Natur und Landschaft führen.

Tips

Tennisanlagen unterliegen der baurechtlichen Genehmigungspflicht. Im Rahmen dieses Verfahrens können bereits potentielle Umweltbelastungen durch entsprechende Vorgaben vermieden bzw. minimiert werden.

Bei Entscheidungen über Neu- oder Umbau bzw. Gestaltungsänderungen von Tennisanlagen sind vom Bauherrn, von den Betreibern, aber auch von den Nutzern, folgende Kriterien zu beachten:

Standortwahl und anlagenbezogene Maßnahmen

- Bei der Planung neuer Anlagen sind nur solche Flächen in Anspruch zu nehmen, die einen ÖPNV-Anschluß gewährleisten und die unter Umweltgesichtspunkten unbedenklich sind, d. h. in erster Linie keine Ausweisung in ökologisch empfindlichen Räumen sowie keine Inanspruchnahme von Grünflächen im Innenbereich.

- Grundsätzlich ist bei der Planung neuer Tennisanlagen vorab zu prüfen, inwieweit bereits vorhandene Freizeit-, Sport- oder andere Freianlagen genutzt bzw. umgebaut werden können. Tennisanlagen im Nahbereich städtischer Grünanlagen sind als öffentlich zugängliche Tennisplätze zu konzipieren.

- Jeder Sportler kann sich innerhalb seines Vereins dafür engagieren, daß bei Planung, Umbau und Betrieb der Sportanlagen umweltverträglichen Varianten der Vorzug gegeben wird.

- Um Umweltschäden zu minimieren, sind bodenkundliche und hydrogeologische Voruntersuchungen im Hinblick auf Wasserdurchlässigkeit und Verdichtbarkeit des Bodens durchzuführen.

- Die Hersteller und Sportplatzbaufirmen müssen den Nachweis erbringen, daß die verwendeten Baustoffe frei von Schadstoffen sind (z. B. Schwermetalle). Der Einbau von wasserundurchlässigen Belägen sollte unterbleiben. Auch auf den Einbau von wasserdurchlässigen Kunststoffflächen sollte möglichst verzichtet werden, da die Entsorgung dieser Materialien ein ungeklärtes Problem ist.

- Bei ungünstigen Bodenverhältnissen, die eine Drainage des Spielfeldes notwendig machen, sollen Ausgleichsflächen zur Versickerung vorgesehen werden.

- Gebäude und andere Nebeneinrichtungen sind umweltfreundlich zu bauen bzw. zu betreiben (z.B. flächen- und energiesparende Bauweise, Fassaden- und Dachbegrünung, wassersparende Sanitäranlagen, getrennte Abfallentsorgung). Bei der Pflege von Vegetationsflächen ist auf den Einsatz von Dünger weitestgehend, auf Pestizide generell zu verzichten.

An- und Abfahrt umweltfreundlich gestalten

- Die Anfahrt sollte grundsätzlich mit Verkehrsmitteln des öffentlichen Nahverkehrs oder mit dem Fahrrad erfolgen, wenn die Anlage nicht zu Fuß zu erreichen ist.
- Bei Benutzung des eigenen Kfz sind Störwirkungen der Umgebung zu vermeiden (kein Hupen und kein »Blitzstart«).
- Um das Ruhebedürfnis von Anwohnern zu gewährleisten, sind Lärmbelätigung oder visuelle Störungen durch eingeschaltetes Flutlicht nach 22.00 Uhr zu vermeiden.

2.6 Camping und Wohnmobil

Das mobile Freizeitwohnen umfaßt den touristischen Teil des Campingwesens (Zelt, Wohnmobil) sowie den Aspekt des Dauercampings. Diese Freizeitverbringung – insbesondere auf dem Campingplatz – wird immer beliebter. 17,5 Mio. mal übernachteten Urlauber 1989 auf westdeutschen Campingplätzen; dies waren 1,2 Mio. oder 9% mehr als 1988.

Seit Anfang der 70er Jahre hat sich auch das Campingplatzangebot in der alten Bundesrepublik mehr als verdoppelt. Für die alten Bundesländer gibt es jedoch keine konkreten Angaben über die Anzahl der Campinganlagen; sie schwanken zwischen 2100 und 2400 Campingplätzen, von denen laut ADAC etwa 1000 touristisch nutzbar sind. Ungefähr die Hälfte der Dauercampingplätze wird privat und/oder hauptberuflich betrieben, ein Drittel nebenberuflich geführt. Lediglich ein Fünftel wird von Kommunen, Vereinen und Gesellschaften unterhalten.

Auch die Anzahl von Caravans und sogenannten »Mobilheimen« ist beträchtlich; Ende 1990 wurden ca. 2,5 Mio. mobile Wohnfahrzeuge gezählt. Dauercamper gehören zu den am stärksten motorisierten Gruppen. Rückläufig jedoch sind die mit Caravans zurückgelegten Kilometer, was als Indiz für die starke Zunahme des Dauercampings gelten kann. In Verdichtungsräumen nehmen die Dauercamper bereits dreiviertel der Parzellen (Stellplätze) ein. Aber auch im Umkreis von Großstädten (60 km Luftlinie) sind viele Campingplätze von Dauercampern belegt. Das Dauercamping drängt das Feriencamping insbesondere dann zurück, wenn sich Naherholungsgebiete und Feriengebiete überlagern (z. B. an der Nord- und Ostsee). Auf den Campinggroßanlagen geht der Trend vor allem in Richtung Einrichtung von Dauercampingparzellen für Wohnmobile. In verstärktem Maße werden auf Campingplätzen auch Spiel- und Sportanlagen eingerichtet.

Die Gewässernähe ist ein bestimmender Faktor bei der Standortwahl. Campingplätze konzentrieren sich an sogenannten Freizeitgewässern, wie Binnenseen und Flüssen, sowie an der Küste; in Nordrhein-Westfalen z. B. liegen über 90% der Campingplätze an Gewässern. Problematisch ist, daß für eine große Anzahl der Anlagen vorab keine Tragfähigkeitsuntersuchungen gemacht wurden. Daraus erklärt sich, daß die meisten Campingplätze in ökologisch empfindlichen Landschaftsbereichen liegen.

Die Umweltauswirkungen dieser mobilen Wohnformen zum Zwecke der Freizeitverbringung sind erheblich. Vor allem die Dimensionierungen der Zelt- und Campingplätze entspricht vielerorts nicht der Belastbarkeit der Landschaft. Häufig kommt es durch Neuanlage und Erweiterung eines Platzes zu funktionalen Zerschneidungen von Biotopen. Das Ausmaß der Belastungen durch Lärm, Müll, Abwasser (mangelhafte sanitäre Einrichtungen) und Abgase ist signifikant.

Kritisch zu vermerken ist, daß 70% der Campingplätze in den alten Bundesländern anderen Erholungs- und Freizeitsuchenden nicht offenstehen. Besonders der öffentliche Zugang zu See- und Flußufern sowie zur Meeresküste ist erschwert. Insbesondere die Massierung von Campingplätzen in attraktiven Landschaftsteilen führt daher zu einer Verknappung der Erholungsflächen für die Allgemeinheit. Die Folge ist, daß der Nutzungsdruck auf verbliebene naturnahe (Frei-)Flächen zunimmt. Problematisch ist der Trend, mit Kleinzelten in besonders abgelegene und ökologisch sensible Räume vorzustoßen (»Nehberg-Effekt«). Dieser Naturgenuß »pur«, getarnt als Abenteuer- und Survivalurlaub in touristisch gering bzw. nicht erschlossenen Gebieten, beeinträchtigt in zunehmenden Maße Flora und Fauna. Konfliktverschärfend ist hierbei, daß auch Wohnmobile verstärkt in naturnahe Landschaften vordringen.

Umweltauswirkungen

Bodenstrukturveränderungen

Die ökologischen Probleme des mobilen Freizeitwohnens werden vor allem in Natur- und Landschaftsschutzgebieten, in gewässernahen Bereichen sowie in Feuchtgebieten sichtbar. Insbesondere Terrassierung, Errichtung von festen und temporären Anbauten an Caravans, Planierung und Ausbau der Auffahrtsflächen führen zu Bodenverdichtungen und -versiegelung und zur Verringerung der Wasserspeicherfähigkeit des Bodens.

Für den Bau bzw. die Herrichtung einer Campinganlage werden häufig Wald- und Wiesenflächen (Obstwiesen) genutzt und zerstört. Für Standorte im Wald werden z.T. Kuppen und Hanglagen nivelliert, Gewässer begradigt bzw. befestigt und Gräben zugeschüttet. Auch mit dem Bau von Verwaltungs- und Betriebsgebäuden, der Errichtung von Ver- und Entsorgungsleitungen wird eine Veränderung der Bodenstruktur verursacht.

An Flußstrecken und Seeuferabschnitten im Bereich von Campinganlagen sind Erosions- und Trittschäden weit verbreitet (z.B. Rinnenbildung, Abrutschungen). Der mit der Campingnutzung einhergehende Bade- und Bootsbetrieb kann zu erheblichen Schädigungen angrenzender Röhricht- und Schilfzonen führen.

Bei einem Großteil der Campingplätze fehlt eine standort- und landschaftsgerechte Vegetation. In Nordrhein-Westfalen wurde festgestellt, daß lediglich bei der Hälfte der Plätze eine Rahmenpflanzung angedeutet war, bei 79% befand sich keine bzw. eine nicht ausreichende Zwischenpflanzung. »Beliebt« sind Bepflanzungen mit Hecken und Coniferen (z. B. Blaufichte) und sonstige nicht standortgerechte Pflanzen und Sträucher.

Störwirkungen

Je nach Lage eines Campingplatzes (Wald, Feuchtgebiete, Ortseingang) können die von dieser Anlage ausgehenden Störwirkungen erheblich zur Beunruhigung der Fauna beitragen, z. B. durch laute Musik aus dem Ghettoblaster, Spielgeräusche etc. Insbesondere in Brut- und Rückzugsgebieten von Wasservögeln kann die Störwirkung durch Freizeitaktivitäten, u. a. durch den Einsatz mitgebrachter Motorboote, Kanu- und Paddelboote, durch Tauchgänge, Angeln und Fischen, erheblich sein.

Schadstoffeintrag

Die Sanitäranlagen sowie die Abwasser- und Abfallentsorgung sind vorwiegend bei älteren Anlagen unzureichend; bei rund einem Drittel der untersuchten Campingplätze in Nordrhein-Westfalen wurde festgestellt, daß das Schmutzwasser in den Boden versickerte. Dieser Schadstoffeintrag verunreinigt den Boden und das Grundwasser und führt zur Eutrophierung angrenzender Oberflächengewässer.

Flächeninanspruchnahme und Landschaftsbild

Eine Anlage mit 300 Stellplätzen hat einen Flächenbedarf von 4,5–6 ha. Der Platzbedarf pro Stand beträgt ca. 100 m²; die Brutto-Standfläche ca. 210 m².

Große und an exponierter Stelle angelegte Campingplätze können durch eine fehlende landschaftliche Einbindung das Landschaftsbild erheblich negativ beeinträchtigen. Insbesondere von der Wasserseite her schmälern Campingplätze das Landschaftsbild, da oft keine standortgerechte Bepflanzung zwischen Wohnwagen/Zelt und Ufer besteht.

Insbesondere Dauercampinganlagen führen zu einer weiteren Deformierung und Nivellierung naturnaher Bereiche, da diese zunehmend den Charakter von Freizeitwohnsitzen annehmen. In erster Linie die Gestaltungsvorstellungen der Camper tragen dazu bei, daß Campinganlagen häufig im Erscheinungsbild Kleingartenkolonien gleichen. Zu kritisieren ist auch die Parzellierung innerhalb von Campingplätzen (fehlende Raumaufteilung durch Bepflanzungen). Der negative optische Eindruck einer Anlage wird u. a. durch bandartige sowie genormte geometrische Abstellplätze verstärkt.

Tips

Eine sorgfältige, an Kriterien der Umweltverträglichkeit orientierte Standortplanung trägt wesentlich zur Minimierung der Belastungen bei. Bei Planungen und Gestaltungsmaßnahmen von Campingplätzen ist der Standort so zu wählen, daß folgende Kriterien erfüllt werden:

- Touristisch ausgerichtete Campingplätze sollten nur in Gebieten errichtet werden, die bereits als Fremdenverkehrsregionen erschlossen sind oder bereits deutliche touristische Ansatzpunkte und Infrastrukturen aufweisen.

- In Gebieten und Kommunen mit bereits hohem Freizeit- und Erholungswert ist durch Neuausweisungen und/oder raumrelevante Erweiterungen das Angebot an Campingplätzen zu verbessern, um eine einseitige bzw. monofunktionale Nutzung und Entwicklung von Erholungsgebieten zu vermeiden.

- Um Überkapazitäten und Konkurrenzsituationen zu vermeiden, sollte das Angebot an Campingplätzen mit anderen Freizeit- und Erholungsmöglichkeiten abgestimmt werden.

Prinzipiell hat zu gelten:

- Der Landschaftscharakter darf durch Campingplätze nicht wesentlich verändert werden. Ziel muß daher eine landschaftsangepaßte Gestaltung sein.

- Keine Errichtung und Erweiterung von Campingplätzen in Schutzgebieten und besonders schützenswerten Landschaften sowie in Räumen von besonderer landschaftlicher Schönheit.

- Auch keine Ausweisung in unmittelbarer Nähe von Naturschutzgebieten und sonstigen schützenswerten und empfindlichen Lebensräumen der Tier- und Pflanzenwelt (Ziel: ausreichende Pufferzonen).

- Keine Plazierung im unmittelbaren Uferbereich; mindestens 100 Meter Abstand zur Uferlinie.

- Keine Beseitigung prägender und raumbildender natürlicher Landschaftselemente durch Betrieb bzw. Errichtung von Campingplätzen.

Nach Beachtung dieser großräumigen Standortkriterien ist bei der kleinräumigen Standortwahl zu berücksichtigen:

- Die Allgemeinheit (lokale Bevölkerung, Besucher) darf nicht von bevorzugten Landschaftsteilen ferngehalten werden. Dies bedeutet, daß ihre Zugänglichkeit durch die Anlage eines Campingplatzes nicht erschwert werden darf.

- Belastungen der Umwelt durch Abwasser, Müll, Abgase und Lärm müssen soweit wie möglich (z. B. durch Aufklärung des Aufsichtspersonals) vermieden und durch entsprechende Maßnahmen (Kläranlage, Fahrverbote auf dem Gelände) auf ein Minimum reduziert werden.

- Kleinteilige, naturnahe Bereiche müssen innerhalb einer Campinganlage erhalten werden. Wertvolle Lebensräume dürfen weder direkt durch Flächenentzug noch indirekt durch Störwirkungen beeinträchtigt werden.
- Der Flächenverbrauch bzw. der Anteil der versiegelten Fläche innerhalb eines Campingplatzes ist auf ein Minimum zu beschränken.

An- und Abreise umweltfreundlich gestalten

- Individuelle Auswahl der Campingplätze nach den o. g. genannten Kriterien.
- Bei Freizeitwohnen mit Wohnwagen und Wohnmobil sind am Zielort Verkehrsmittel des Umweltverbundes zu benutzen. Vor allem das Fahrrad bietet sich als Fortbewegungsmittel an (Ausleihmöglichkeiten wahrnehmen).
- Dauercamper sollten ihren Pkw im Wohnort stehenlassen und mit öffentlichen Verkehrsmitteln zum Campingplatz anreisen.

Beschränkungen vor Ort zum Schutz von Natur und Landschaft

- Kein »wildes« Campen in der freien Landschaft! Campen und Zelten nur auf dafür ausgewiesenen Plätzen.
- Ordnungsgemäße Entsorgung aller Abfälle.
- Die bei Wohnwagen und Wohnmobilen anfallenden Abwässer und Rückstände aus Chemietoiletten sind ordnungsgemäß zu entsorgen (Müllplatz und Fäkaliensammelstelle).

- Beim Waschen von Wohnmobilen/Wohnwagen sind nur biologisch abbaubare Reinigungsmittel zu verwenden. Maxime: Keine Auto- und Wagenwäsche in der freien Landschaft.
- Beim Kauf von Wohnmobilen und Wohnwagen sind energiesparende und schadstoffarme Fahrzeuge zu bevorzugen.

2.7 Freizeitparks und Center Parcs

Ferien- und Freizeitparks sind groß in Mode und »überrollen« die Bundesrepublik Deutschland. Die Konzeptionen und Angebotsformen der touristischen Freizeitgroßprojekte sind vielfältig. Das Spektrum reicht von Feizeitanlagen mit überwiegend technischen Vergnügungseinrichtungen, mit Märchenszenarien ausgestattete Anlagen über Freizeitparks mit Tieren als Hauptattraktionen bis zu Anlagen, in denen eine landschaftliche Attraktion mit dem Angebot freizeittechnischer Einrichtungen kombiniert ist. Verstärkt nachgefragt werden in den letzten Jahren auch multifunktionale Freizeitanlagen, die vielfältige Aktionsräume für imageträchtige Aktivitäten wie Tennis, Squash, Fitneß und Schwerathletik anbieten.

Zunehmender Beliebtheit erfreuen sich die Center Parcs, deren Idee zuerst in den Niederlanden verwirklicht wurde. Ihre Konzeption berücksichtigt insbesondere die erkennbaren Trends nach Abwechslung (Freizeit-Hopping), Nutzungsunabhängigkeit, die Sehnsucht bzw. den Wunsch nach der Exotik bekannter (ferner) Urlaubsziele sowie nach Spaß- und Abenteuerangeboten. Signifikant ist, daß diese Center Parcs den Zugang zur Natur über Natursimulation »vermitteln« wollen. Dies offensichtlich mit Erfolg, denn jedes Jahr strömen ständig mehr Menschen in diese mit enormem Energieaufwand betriebenen Anlagen, um sich die »schönsten Tage (Stunden)« perfekt durchorganisieren zu lassen.

Die Angebotspalette der mit ausgefallener Architektur und Natur (Palmen unterm Glasdach) versehenen Center Parcs, aber auch anderer Freizeitgroßeinrichtungen, variiert je nach Größe und Konzeption. Vielerorts beinhalten diese Freizeitgroßeinrichtungen neben gastronomischen Betrieben, Supermarkt, Frisöre, Disko, Kleinläden auch in zunehmendem Maße Bungalow-Komplexe sowie Hotelgebäude bis hin zu symbolischen, reproduzierten (Stadt-) Landschaften mit künstlichen Seen, Wasserfällen und spezifischer Verkehrsinfrastruktur (z. B. Schwebebahn oder Magnetbahn).

Die hohen Nettogewinne veranlassen die Betreiber (Unternehmensgruppen) von Freizeitgroßprojekten, ständig neu zu investieren. Kommunen und Regionen mit Strukturproblemen versprechen sich durch die Ansiedlung von multifunktionalen Freizeitanlagen und Center Parcs wirtschaftliche Vorteile und einen entsprechenden ökonomischen Aufschwung. Maßnahmen zur Erhöhung des Freizeit- und Erholungswerts einer Kommune werden im Wettbewerb der Gemeinden um Wirtschaftsunternehmen und Fachkräfte zunehmend als Ansatzpunkt und Instrument zur Imageaufwertung oder -pflege eingesetzt. Deshalb wird von den Kommunen vielfach die Verkehrsinfrastruktur bei solchen Projekten mitfinanziert.

Die größten Freizeitparks in den alten Bundesländern haben Tagesspitzen von über 20 000 Besuchern. Der Heidepark in Soltau zählt jährlich über 1 Mio. Besucher (bei siebenmonatiger Saison). Große Ferien- und Freizeitparks werden von mehr als 500 000 Besuchern im Jahr besucht; mittelgroße Anlagen ziehen zwischen 250 000 und 500 000 Besucher im Jahr an. In Center Parcs werden Übernachtungszahlen von weit über 1 Mio. jährlich erreicht – mit steigender Tendenz. Die Angebote zielen vorwiegend auf Kurzurlauber (Wochenende, 3–5 Tagesreisen) und Tagesbesucher. In der alten Bundesrepublik sind 30 konkrete Planungen für Freizeitparks und Center Parcs bekannt.

Die Umweltverträglichkeit dieser Freizeitgroßprojekte wurde bisher so gut wie nie geprüft. Die ökologischen Folgen dieser flächenintensiven und oft nicht in regionale Gesamtkonzepte eingebundenen Anlagen sind beträchtlich. Für den Bau der Anlagen, Parkplätze und Zufahrtsstraßen werden Wälder vernichtet, das Grundwasser durch Bauarbeiten verschmutzt sowie naturnahe Bereiche durch an- und abfahrenden Autoverkehr gestört. Besonders zu kritisieren ist die Verschwendung von Energie (insbesondere in Spaßbädern) und die Verwendung von (sub-)tropischen Pflanzen (z. B. Orchideen) zur Dekoration.

Umweltauswirkungen

Bodenstrukturveränderungen

Durch Bautätigkeit und Baustelleneinrichtung für diese großdimensionierten Anlagen treten negative Auswirkungen nicht nur innerhalb des Baugebietes, sondern auch in der (un-)mittelbaren Umgebung auf. Folge baulicher Maßnahmen sind irreparable Schäden in Natur und Landschaft. Vor allem die großflächigen Zerstörungen des Bodens in der Bauphase führen zu einem dauerhaften Verlust von Lebensräumen für Flora und Fauna und zu grundlegenden Veränderungen der örtlichen Artenvielfalt.

Die Versiegelung der Gesamtanlage (z. B. mit Bungalows, Hotel-Appartments, Freizeit-, Sport- und Versorgungseinrichtungen, Empfangsgebäude, Parkplatz,

Tiefgaragen) beträgt vielfach 40 bis 50% des Gesamtgrundstückes.

Vegetationsschäden werden auch vermehrt durch den Besucherverkehr und Erholungsaktivitäten außerhalb der eigentlichen Freizeitanlage verursacht (z. B. Belastung durch Befahren, Lagern, Sammeln und Spielen auf angrenzenden Bereichen). Problematisch ist der erhebliche Tageswasserverbrauch in Anlagen mit »Aquadromen« und Erlebnisbäder. Der enorme Verbrauch verursacht in manchen Regionen bereits ein dramatisches Absinken des Grundwasserspiegels.

Störwirkungen

Freizeitparks in Natur und Landschaft beeinträchtigen bzw. vernichten auf Dauer durch Bau und Betrieb sowie durch an- und abfahrende Autos und Busse (mit Spitzenbelastungen an Wochenenden) den Lebensraum empfindlicher Fauna. Lediglich die an städtische Lebensräume angepaßten Tierarten bleiben. Signifikant ist die kontinuierliche Lärmbelästigung von Freizeitparks. Dauerlärm entsteht z. B. durch die permanent betriebenen Klimaanlagen. Auch Beschallung von Musik- und Showdarbietungen sowie der Lärm von Spielautomaten u. ä. beeinträchtigen in erheblichem Maße die Umgebung. Da die Vergnügungsangebote ständig technisch ausgefeilter, flächenintensiver und raffinierter ausgebaut werden, sind Freizeitparks somit »nie fertig«. Damit verbunden ist eine ständige Störung der angrenzenden Umwelt durch Baulärm.

Schadstoffeintrag

Die naturferne Gestaltung der begrünten Freiflächen mit exotischen bzw. standortfremden Pflanzen bedingen einen hohen Einsatz von Düngemitteln (und auch Pestiziden). Dies führt zu Belastungen des Bodens, der Oberflächengewässer sowie des Grundwassers. Beeinträchtigungen des Bodens bzw. des Grundwassers können auch durch nicht sachgemäße Entsorgung von Abfällen entstehen. Die Folgen sind Nährstoffanreicherungen im Grundwasser und in angrenzenden Oberflächengewässern.

Hoch ist der Anteil von Verpackungsmaterialien am anfallenden Müll (vor allem Kunststoff). Der Center Parc Erperheide (Belgien) hat z. B. ein Müllaufkommen von 42 Containern à 1100 l (Leerung zweimal die Woche) und einem Presscontainer mit 20 cbm (Leerung zweimal pro Monat); d. h., daß insgesamt ca. 100 cbm Müll pro Woche anfallen.

Je nach Anlagengröße und Besucherverkehr kann es zu erheblichen Luftverunreinigungen durch motorisierten Individualnahverkehr und Busse kommen. Erhebliche Probleme entstehen auch durch die großen Abwassermengen von z. B. chloriertem Badewasser, durch Reinigungsmittel und Rückstände aus Restaurationsbetrieben (Öle, Fette). Angeschlossene Kläranlagen werden daher in besonderem Maße beansprucht (Problem der Kapazitätsbemessung).

Flächeninanspruchnahme und Landschaftsbild

Der Flächenbedarf von Feriengroßprojekten reicht von 20 ha bis zu 275 ha. Die Größenordnungen der im Umland von Berlin geplanter Projekte liegen zwischen 60 und 380 ha, in einem Fall bei fast 1000 ha. Freizeitparks liegen überwiegend in landschaftlich reizvollen und ökologisch empfindlichen Gebieten außerhalb bebauter Bereiche. Für naturnahe Gebiete sind sie jedoch »wesensfremd«. Sie führen zu einer erheblichen Veränderung des Erscheinungsbildes der Landschaft und verändern den Charakter eines Gebietes, z. B. durch Schaffung künstlicher

Gewässer. Signifikante Veränderungen durch Freizeitparks ergeben sich vor allem in ländlichen Gebieten. Sie führen zu einer Überformung des Landschafts- und Ortsbildes mit stadtähnlichen Elementen oder z.T. futuristisch anmutenden Gebäude(teilen). Problematisch ist auch die Zerschneidung der Landschaft durch Aufschüttungen (Wälle) und Absperrungen (Zäune) sowie durch großflächige Parkplätze.

Tips

Im Bereich der Freizeit- und Ferienparks und Center Parcs hat der einzelne Besucher relativ wenig Möglichkeiten, auf die Umweltverträglichkeit der Freizeitanlage Einfluß zu nehmen, denn die Belastungen für die Umwelt bei Bau und Betrieb dieser Einrichtungen entstehen unabhängig von dem individuellen Verhalten der Besucher.

■ Gefordert sind in erster Linie die Landes- und Regionalplanungen sowie die kommunalen Genehmigungsbehörden, die durch vorausschauende Planungen den Bauträgern/Betreibern in bezug auf Standortwahl, Gestaltung und Ausstattung eine umweltverträgliche Variante abverlangen müssen. Umweltverträglichkeitsprüfungen für Freizeitparks und Center Parcs sollten grundsätzlich während des Planungsprozesses durchgeführt werden. Im Rahmen solcher Prüfungen muß gewährleistet sein, daß sämtliche potentiellen Auswirkungen auf Boden, Wasser (Grund- und Oberflächenwasser), Luft (einschließlich Klima), Flora und Fauna sowie auf Relief und Landschaftsbild erfaßt und bewertet werden. Darüber hinaus sind die Wechselwirkungen mit anderen

Freizeitnutzungen sowie die sozialen und ökonomischen Folgen zu berücksichtigen.

- Freizeitgroßanlagen sind darauf ausgerichtet, Besucher und (Kurz-)Urlauber möglichst innerhalb der Anlage zu binden. Von daher sind diese Anlagen nicht darauf angewiesen, sich in landschaftlich attraktiven und ökologisch empfindlichen Gebieten anzusiedeln. Freizeitgroßanlagen sollten daher nur in Siedlungsschwerpunkten bzw. in ihren unmittelbaren Randbereichen geplant und genehmigt werden. Die Standorte von geplanten Freizeitparks sind so zu wählen, daß sie durch den schienengebundenen Personennahverkehr erreichbar sind und durch ein vorhandenes Straßennetz erschlossen werden. Freizeitparks sind grundsätzlich nicht in die freie naturnahe Landschaft zu bauen, da sie zur Zersiedelung beitragen. So besteht z. B. die Gefahr, daß durch eine schrittweise Erweiterung der Anlage ganze Landschaftsräume verbaut werden.

- Freizeitparks u. ä. Einrichtungen sind möglichst nicht in der Nähe von empfindlichen und wertvollen Landschaftsräumen zu bauen. Dies gilt insbesondere für Naturschutzgebiete und Biosphärenreservate, schutzwürdige Biotope, wie Moore, Sümpfe, Röhrichtzonen, Naßwiesen, Quellbereiche, Bruch-, Sumpf- und Auwälder, sowie für Flächen von Bedeutung für die landschaftsbezogene Erholung.

Für die Besucher von Freizeitparks und Center Parcs bieten sich folgende Möglichkeiten im Hinblick auf ein umweltverträgliches Verhalten an.

- Anlage nicht so oft besuchen: Überprüfen Sie, ob statt des geplanten Besuches eines Freizeitparks bzw. Center Parcs nicht andere, sinnvollere Wochenend- bzw. Feierabend-Aktivitäten unternommen werden können.

- Öffentliche Verkehrsmittel benutzen: Verzichten Sie auf die Benutzung des Privatautos. Es sind solche Einrichtungen zu besuchen, die über einen Anschluß an öffentliche Verkehrsmittel verfügen.
- Umweltverträglich konsumieren: Achten Sie beim Besuch des Parks darauf, keine umweltschädigenden Produkte zu verwenden, z. B. keine Einwegverpackungen zu kaufen, kein Einweggeschirr zu benutzen bzw. bei fehlendem Angebot entsprechend Kritik zu äußern (siehe auch den Abschnitt »Großveranstaltungen«).

2.8 Moto-Cross

Der ADAC nennt eine Zahl von 250 000 »Sportfahrern« in den alten Bundesländern, etwa 130 000 Motorsportler sind davon in Automobilklubs und im Motorsportverband (u. a. zuständig für Geländesport, Moto-Cross und Trial) organisiert. Insbesondere durch die wohlwollende Darstellung in den Medien, durch die gezielte Werbung und vor allem durch den Einfluß der Auto- und Motorradindustrie werden diese »Sportarten« vermutlich in Zukunft weiter an Bedeutung gewinnen. Der Frage, inwieweit Moto-Cross überhaupt die Bezeichnung »Sport« verdient, soll hier nicht weiter nachgegangen werden.

Für Moto-Cross-Aktivitäten werden vorwiegend freie Landschaftsräume in Anspruch genommen. Eine Untersuchung nennt folgende Angaben für die »Sportausübung am Feierabend« mit Geländemotorrädern: 40% finden in der freien Natur, 20% auf Feldwegen und 40% auf Straßen statt.

Moto-Cross-Aktivitäten verursachen je nach Ort und Intensität der Ausübung vielfältige Belastungen des Bodens, der Luft und der Vegetation. Bei einer differenzierten Betrachtung der Umwelterheblichkeit von Sport- und Freizeitaktivitäten ist das Fahren mit Moto-Cross-Rädern als für die Umwelt sehr belastend einzustufen.

Umweltauswirkungen

Bodenstrukturveränderungen

Beim Fahren mit Moto-Cross-Rädern kommt es je nach Substratbeschaffenheit des Bodens, Rennzeitpunkt (z. B. im Frühjahr) und Witterung zu Bodenverdichtungen und zu Bodenabtrag. Insbesondere das regelmäßige Befahren bestimmter Spuren vertieft diese Spuren und erhöht die Erosionsgefahr (Ausgangspunkt für größere Erosionsschäden im Gelände). Vor allem auf sandigen, schluffigen und »schlammigen« Böden wird dadurch die Erosion gefördert.

Die Verdichtung des Bodens durch Moto-Cross-Aktivitäten verringert zudem die Feuchtigkeit im Boden, vergrößert den Wasserablauf, erhöht den Flugstaub und vermindert das Pflanzenwachstum. Der grobstollige Reifendruck, Reifenschlupf und das seitliche Abrutschen der Moto-Cross-Räder verursachen gravierende Schädigungen an der Vegetation: Es kann zu Wurzelschädigungen und -verletzungen bis hin zur vollständigen Zerstörung der vorhandenen Vegetation kommen. Auch die Keimfähigkeit von Pflanzen kann erheblich reduziert werden. Als Folge von Moto-Cross-Aktivitäten auf naturnahem Gelände treten eine Reduzierung der Anzahl von empfindlichen kleinen Sträuchern und Wildblumen, eine Verringerung der Artenvielfalt sowie eine verminderte Wuchshöhe von Pflanzen und Sträuchern auf. Auf motorsportlich genutztem Gelände kommt es durch die Beeinträchtigung der vorhandenen Vegetation häufig zur Ausbreitung von Tritt- und Ruderalpflanzen.

Moto-Cross-Fahren in Waldbereichen kann zu erheblichen Schäden führen. Vor allem das Überfahren junger Triebe (z. B. in Schonungen) und von Jungbäumen ist in diesem Zusammenhang ebenso zu nennen wie das Touchieren der Baumrinde mit den Maschinen, was nicht selten zu Beschädigungen der Bäume mit anschließender Stammfäule führt.

Störwirkungen

Durch die starke Lärmentwicklung von Moto-Cross-Maschinen werden Brutvögel, insbesondere Bodenbrüter, unmittelbar gestört. Vor allem gegen Lärm und sonstige Störungen empfindliche bzw. vom Aussterben bedrohte Vogelarten geben nach Moto-Cross-Veranstaltungen nachweislich ihren Brutplatz dort auf.

Der Lärm der Moto-Cross-Maschinen ist auch eine erhebliche Belästigung von Anwohnern und Erholungssuchenden. Als negative Begleiterscheinung von Moto-Cross-Veranstaltungen treten häufig Lärm und nach Beendigung einer Veranstaltung auch sportlich-rücksichtsloses Fahrverhalten auf dem Weg nach Hause auf.

Die Folge von Moto-Cross-Aktivitäten und ihrer negativen Begleiterscheinungen in naturnahen Bereichen ist letztendlich der Verlust attraktiver (Nah-)Erholungsgebiete.

Schadstoffeintrag

Öl- und Benzinverlust (häufig beim Trial und bei älteren Maschinen) verunreinigten Boden und Wasser;

die nicht quantifizierbare Menge von Abgasen führt zusätzlich zu Luftbelastungen naturnaher Bereiche.

Flächeninanspruchnahme und Landschaftsbildveränderung

Moto-Cross-Anlagen nehmen eine Bruttofläche von 18–25 ha ein; der Deutsche Naturschutzring geht von einem Flächenverbrauch von 10–20 ha pro Einzelanlage aus. Aus der Sicht der Moto-Cross- und Endurofahrern eignen sich Kies- und Sandgruben wegen ihres reliefbetonten Geländes hervorragend zum Moto-Cross-Fahren. Ebenfalls beliebt sind Ruderal- oder Brachflächen sowie Waldbereiche. Illegal genutzte Flächen, aber auch Moto-Cross-Anlagen verändern in erheblichem Maße das Landschaftsbild (Folgen: vegetationslose Abhänge, zerfurchte Landschaften).

Tips

Die durch Moto-Cross-Fahren verursachten Umweltbelastungen sind so gravierend, daß eine grundsätzliche Änderung im Verhalten von Moto-Cross-Aktiven erfolgen muß.

- Maxime: Flächen außerhalb der für Moto-Cross vorgesehenen Geländeflächen dürfen nicht befahren werden.
- Die Ausweisung eines Übungsgeländes auf ökologisch weniger empfindlichen Flächen kann nur nach vorausgegangener Umweltverträglichkeitsprüfung erfolgen. Nur eine genaue Standortuntersuchung kann feststellen, wie unempfindlich eine Fläche gegenüber Moto-Cross-Aktivitäten wirklich ist.

- Die Eignung eines potentiell nutzbaren Geländes für Moto-Cross-Aktivitäten ist nach seiner ökologischen Wertigkeit zu bestimmen. Zu beachten ist hierbei, daß auch Schutthalden oder Brachflächen mittlerweile von hoher ökologischer Wertigkeit sein können. Diese Flächen sind nur dann zur Verfügung zu stellen, wenn sie in Absprache mit Natur- und Umweltschutzbehörden und -institutionen als geeignet für den Moto-Cross bezeichnet werden.

- Moto-Cross-Aktivitäten haben grundsätzlich in Schutzgebieten zu unterbleiben. Dies muß in den Verordnungen der Schutzgebietsausweisungen festgeschrieben werden. Ausnahmegenehmigungen dürfen nicht erteilt werden, wenn das Schutzziel nicht untergraben werden soll. Generell nicht geeignet für Moto-Cross-Aktivitäten sind schutzwürdige Bereiche wie erosionsgefährdete Gebiete, Gebiete mit hoher Grundwasserempfindlichkeit sowie Wald- und Landwirtschaftsflächen, Moorgebiete, überflutete Wiesen und Auenbereiche, aber auch Parkanlagen und öffentliche Grünflächen.

- Moto-Cross-Aktivitäten sollten unbedingt nicht in Gebieten stattfinden, die in unmittelbarer Nähe zu schulischen, sozialen, kulturellen, medizinischen und wohnbezogenen Einrichtungen liegen, die bereits lufthygienisch belastet und/oder stark verlärmte Gebiete sind und die von Erholungssuchenden (z.B. stille Erholung wie Wandern, Naturbeobachtung) frequentiert werden.

- Für Moto-Cross-Aktivitäten bieten sich als Zwischennutzungen an: Großbaustellen, Industrie- und Gewerbeflächen, Halden und auch ehemalige Truppenübungsplätze sowie Bauschuttdeponien.

- Denkbar ist, daß Sand- und Kiesgruben bis zur Renaturierung als Zwischennutzung für Moto-Cross-Aktivitäten zur Verfügung gestellt werden können. Problematisch ist jedoch, daß sich diese Areale wegen des hohen Grundwasserstands nur bedingt für das Moto-Cross eignen, u. a. wegen der Gefahr des Öl- und Benzinverlusts bei defekten Maschinen.

- Eine Konzentrierung der Moto-Cross-Aktivitäten wird im Ruhrgebiet mit der Errichtung eines »Motoparks« auf einem ehemaligen Zechengelände geplant. Zur Minimierung von Umweltschäden in naturnahen Bereichen und zur Eindämmung der illegalen Nutzung naturnaher Landschaftsteile wird hier versucht, illegale Aktivitäten zu kanalisieren.

- Eine Alternative ist, daß Moto-Cross-Aktivitäten und -veranstaltungen nur noch in Hallen (Mehrzweckhallen) und/oder in dafür geeigneten Stadien durchgeführt werden. Unter Gesundheitsschutzaspekten (z. B. hoher Lärmpegel und Abgase) und wegen Nutzungskonkurrenzen mit anderen Sport- und Freizeitaktivitäten ist diese Form der Nutzung in Mehrzweckhallen jedoch nicht unproblematisch.

Der einzelne Moto-Cross-Fahrer sollte folgende Verhaltensregeln beachten:

- Das Fahrzeug muß sich in einem technisch einwandfreien Zustand befinden (Ziel: einjährige TÜV-Kontrolle).

- Das Fahrzeug sollte auf dem genutzten Moto-Cross-Gelände verbleiben, die An- und Abfahrt sollte mit öffentlichen Verkehrsmitteln erfolgen.

- Soweit ein entsprechendes Angebot beim Kauf des Moto-Cross-Rades vorhanden ist, sind lärmarme und schadstoffarme Fahrzeuge zu erwerben sowie umweltverträglichere Treib- und Schmierstoffe (bleifreies Benzin, Rapsöl) zu verwenden.

2.9 Großveranstaltungen

Knapp 150 000 Veranstaltungen und Kongresse mit jeweils mehr als 50 Teilnehmern finden jährlich in den alten Bundesländern statt. Allein der Deutsche Sportbund veranstaltet ca. 1000 wichtige nationale Sportereignisse im Jahr. Häufig finden kulturelle, politische, sportliche oder kirchliche Großveranstaltungen mit über 20 000 Besuchern statt.

Noch bedeutender sind überregionale, nationale und internationale Messen und Ausstellungen. Die Gesellschaft für freiwillige Kontrolle von Messe- und Ausstellungszahlen (FKM) nennt für das Jahr 1987 auf dem Gebiet der alten Bundesrepublik 19 internationale und 126 regionale Messen/Ausstellungen. Den größten Anteil machen jedoch Veranstaltungen aus, die Besucherzahlen von 50 bis 5000 Besucher aufweisen.

Jede Großveranstaltung, und sei sie noch so umweltschonend geplant und organisiert, belastet die Umwelt. Berge von Abfall, überquellende Müllbehälter, der Boden übersät mit Flugblättern und Prospekten, leere Dosen und Flaschen in jeder Ekke, zertretene Grünanlagen, verstopfte Straßen und genervte Anwohner: gewohnte Begleiterscheinungen einer Großveranstaltung. Die Umweltauswirkungen von Groß- und Massenveranstaltungen sind abhängig von Einzugsbereich, Standort, Zielpublikum, infrastruktureller Erschließung etc. Die wesentlichen Bereiche, in denen Umweltbelastungen entstehen können, sind:

- An- und Abreise der Besucher,
- Ver- und Entsorgung (vor allem Verpflegung und Abfallaufkommen) und
- unmittelbare Belastungen von Natur- und Landschaft bei Veranstaltungen im Freien.

Insbesondere durch den motorisierten Besucherverkehr entstehen erhebliche Umweltbelastungen. Vor allem die zeitliche und räumliche Konzentration erzeugt eine »Blechlawine«. Die Folgen sind erhöhte Abgasemissionen und Lärmeinwirkungen auf die unmittelbare Nähe der Veranstaltungsorte. Oft sind nicht genügend Parkplätze in der Nähe von Veranstaltungsorten vorhanden; dies führt z.T. zu ordnungswidrigem Parken auf Zufahrtsstraßen und unbefestigten Freiflächen (Folge: Schädigungen des Bodens bzw. der Vegetation).

Besonders problematisch bei Großveranstaltungen ist das Abfallaufkommen an Dosen und Flaschen, weggeworfenem Einweggeschirr und Essensverpackungen, Ausstattungsgegenständen (z.B. Teppiche) und Verpackungsmaterialien (z.B. Styropor, Folien, Dekorationsmaterial). Die Müllberge bedeuten nicht nur ein technisches und organisatorisches Entsorgungsproblem, sie sind auch eine Verschwendung von Ressourcen.

Ein besonderes Problem sind die beträchtlichen Mengen an Abwässern (Küchenbetrieb, sanitäre Anlagen). Insbesondere bei Veranstaltungen im Freien stellt die Entsorgung bei unzureichendem Anschluß an die Kanalisation bzw. nicht ausreichenden Kapazitäten an mobilen Toiletten eine erhebliche Belastung der Umwelt dar.

Umweltauswirkungen

Bodenstrukturveränderungen

Das massenhafte Betreten freier unbebauter Flächen, das Befahren mit bzw. das Abstellen von Kraftfahrzeugen auf Freiflächen und die Bauvorrichtungen können zu erheblichen Bodenverdichtungen, Erosions- und Vegetationsschäden führen. Typische Belastungen der Natur und Landschaft bei Großveranstaltungen sind Beschädigungen an Bäumen und das »Zertreten« von Waldrändern und Uferböschungen durch Besucher.

Störwirkungen

Lärmstörungen ergeben sich bei Großveranstaltungen vor allem durch

- Verkehr (an- und abfahrende sowie parkplatzsuchende Autos),
- (temporär) im Einsatz befindliche Maschinen (z. B. Stromaggregate),
- elektronisch verstärkte Musik- und Showdarbietungen,
- Lautsprecheransagen und Besucherlärm.

Problematisch sind Störungen bei innerstädtischen Veranstaltungen wie die Mißachtung der Nacht- und Ruhezeiten. Auch optische Reize (z. B. Licht, Feuerwerk in der Nacht) und Gerüche (Grillen, Abgase) können störend wirken.

Schadstoffeintrag

Im Rahmen von Großveranstaltungen treten vorwiegend durch Kfz- und Lkw-Verkehr, Maschinen etc. erhebliche Emissionen auf. Insbesondere bei unversiegelten Parkflächen besteht die Gefahr des Schadstoffeintrags in den Boden durch Verlust von

Öl und Benzin. Auch Abfälle und Abwässer können zu erheblichen Nährstoffkonzentrationen im Boden bzw. im Grundwasser führen.

Flächeninanspruchnahme und Landschaftsbild

Bei Veranstaltungen im Freien treten vor allem durch An- und Aufbauten, parkende Autos etc. Beeinträchtigungen des Landschaftsbildes auf.

Tips

Durch das gewachsene Umweltbewußtsein in weiten Kreisen der Bevölkerung wird die Umweltproblematik von Großveranstaltungen mehr und mehr registriert. Bei kommunalen Behörden wird die Frage gestellt, wie Veranstaltungen umweltfreundlicher gestaltet und durchgeführt werden können. Über die Möglichkeiten und Spielräume für eine umweltschonendere Planung und Gestaltung solcher Veranstaltungen wird nachgedacht.

Die umweltverträgliche Gestaltung von Großveranstaltungen liegt im wesentlichen in der Verantwortung der initiierenden Organisationen bzw. Schaustellerverbände. Es besteht in wachsendem Maße die Bereitschaft, bei Veranstaltungen die Umweltbelange stärker zu berücksichtigen. Was offensichtlich noch fehlt, ist das konkrete Aufzeigen der Problemfelder und die Unterstützung (Hilfe) bei inhaltlichen und organisatorischen Problemen. Kommunen können beispielsweise die umweltverträgliche Gestaltung von Veranstaltungen durch Angebote zum Geschirrverleih fördern. So wird z. B. in Böblingen seit Anfang 1990 den Veranstaltern von privaten und öffentlichen Festen ein Geschirr-Mobil zur Verfügung gestellt (für das Jahr 1990 sogar kostenlos).

Wichtig für die umweltverträgliche Gestaltung ist

die Bereitschaft der öffentlichen und privaten Verkehrsbetriebe zur Zusammenarbeit mit den Veranstaltern, z. B. durch Angebote eines speziellen Transportservices, der auf Beginn und Ende der Veranstaltungen abgestimmt ist.

Standortwahl: An- und Abreise

- Grundsätzlich ist der Ort, der Raum oder die Fläche einer Veranstaltung so zu wählen, daß die Umweltprobleme möglichst gering ausfallen. Veranstaltungen im Freien sind in jedem Fall mit den örtlichen Umweltämtern bzw. Naturschutzbehörden abzustimmen.

- Natur- oder Wasserschutzgebiete, Feuchtwiesen, Auen, Moore und Uferzonen sind für Veranstaltungen nicht geeignet und dürfen daher nicht in Anspruch genommen werden.

- Parks, Rasenflächen, Wiesen und Äcker sind nur bedingt für die Nutzung als Veranstaltungsort geeignet. Zum Schutz vor Schädigungen müssen daher folgende Maßnahmen getroffen werden:

– Sperrung von besonders empfindlichen Abschnitten,

– Abgrenzung von Wegen,

– bei feuchter Witterung Verzicht auf die Durchführung der Veranstaltung.

- Parkplätze bzw. Parkflächen für Veranstaltungen sind nur auf befestigten Flächen auszuweisen.

- Der Veranstaltungsort sollte gut mit öffentlichen Verkehrsmitteln erreichbar sein.

- Die Anreise mit dem Nahverkehr ist attraktiv zu gestalten und durch entsprechende Maßnahmen zu untermauern, z. B.

- Ort und Zeit der Veranstaltung sollten so gewählt werden, daß die Erreichbarkeit mit ihm gewährleistet ist (z. B. auf Feiertagsfahrpläne achten),
- Verkauf von Kombi-Tickets, die zum Eintritt der Veranstaltungsberechtigten sowie als Fahrschein nutzbar sind,
- bei der Werbung für die Veranstaltung sollte gleichzeitig für die Benutzung des ÖPNV geworben werden,
- bei fehlender Anbindung an das Nahverkehrsnetz sind vom Veranstalter Ersatztransportmittel und/oder Fahrgemeinschaften zu organisieren.

Maßnahmen zur umweltverträglichen Gestaltung von Verpflegung und Entsorgung

- Oberstes Gebot jeder Veranstaltung ist: Müll vermeiden.
- Speisen und Getränke sind nicht in Einwegverpackungen bzw. Einweggeschirr anzubieten. Es sollten Geschirrverleihe und Großküchen in Anspruch genommen werden.
- Bei der Reinigung von Geschirr auf die Umweltverträglichkeit achten (u. a. energiesparende Spülmaschinen, biologisch abbaubare Reinigungsmittel).
- Bei der Auswahl des Verpflegungsangebots auch vegetarische und Vollwertgerichte einbeziehen.
- Wichtig ist, daß Abfall getrennt nach Papier, Glas, Essensresten, Kunststoff und Restmüll gesammelt und sortiert wird.
- Keine Essensreste ins Abfallwasser werfen.
- Vermeidung von Einwegverpackungen und -geschirr sowie von Wegwerfprodukten. Die folgende Abb. 1 zeigt eine Checkliste zur Abfallvermei-

dung, die Veranstalter von Großveranstaltungen berücksichtigen sollten.

Abbildung 1:
Checkliste Abfallvermeidung

Abfallvermeidung bei Veranstaltungen heißt Verzicht auf:	Alternativen
Einweggeschirr und -besteck	Porzellan, Metall
Einportionenpackungen (Senf, Zucker, Kondensmilch)	Großpackungen (Senfspender, Milchkännchen)
aufwendig verpackte Speisen	offene Angebote (Gebäck aus einem Korb, frisches Obst)
Einwegflaschen und -dosen	Mehrwegglasflaschen
kurzlebige Werbepräsente (Wegwerfkulis, Einmalfeuerzeuge, Plastikspielzeug)	Verzicht auf Billigpräsente und/oder umweltschonende Präsente (aus Recyclingmaterial, zum Nachfüllen, zum Verzehren)
Wegwerfprodukte bei der Dekoration und bei Standgestaltungen (Wegwerfteppiche bei Messen, Wandverkleidungen aus Kunststoffolie)	stabile, mehrfach nutzbare Informationsträger (z.B. Schilder, Plakate, Richtungspfeile), Dekorationen, Einrichtungsgegenstände etc. aus Holz, Metall, hochwertigem Kunststoff, Stoff
unbegrenzte Mengen von Werbebroschüren, Flugblättern, Sonderzeitungen etc.	Begrenzung der kostenlos verteilten Papiere, Erhebung (symbolischer) Kopierpfennige, um unnötiges »Hamstern« von Papieren und Broschüren zu verhindern

Quelle: Helga Keßler/Monika Zimmermann: Der Öko-Veranstaltungsberater, Hamburg 1990.

- Die Entsorgung der sanitären Anlagen in die Kanalisation muß gewährleistet sein. Beim Einsatz von Chemietoiletten ist eine ordnungsgemäße Entsorgung zu garantieren. Abb. 2 zeigt eine Checkliste zur Abfallentsorgung bei (Groß-) Veranstaltungen.

Abbildung 2:

Checkliste zur Abfallentsorgung bei Großveranstaltungen

Planungsphase

Im Vorfeld einer jeden Veranstaltung sollten folgende Fragen geklärt und entsprechende Absprachen getroffen werden:

- Definition/Abgrenzung des Veranstaltungsgebietes; Zeit und Dauer der Veranstaltung; voraussichtliche Besucherzahlen;
- Welche Müllarten werden voraussichtlich (in welchen Mengen, an welchen Orten und zu welchen Zeiten) anfallen?
  - Papier
  - Kartonagen
  - Glas
  - Metalle
  - Folien
  - Styropor
  - sonstige Kunststoffabfälle
  - Küchenabfälle
  - Essensreste
  - Fette
  - Tierabfälle
  - Sonderabfälle
- Welches Dienstleistungsunternehmen ist für die Abfallentsorgung zuständig (kommunal/privat), Kontaktperson
- Welche weiteren Unternehmen stehen bereit, bestimmte Abfallarten zu entsorgen bzw. zur Verwertung abzunehmen?
- Für welche Abfallarten können/müssen noch zusätzliche Entsorgungs-/Verwertungsmöglichkeiten gefunden werden (z.B. Essensreste)?
- Angaben für die Entsorgungsunternehmen,
  - Darstellung der Veranstaltungsart,
  - Skizzierung des Veranstaltungsgeländes,
  - Schätzung der Besucherzahlen,
  - Nennung der genauen Veranstaltungszeit,
  - Nennung einer Kontaktperson beim Veranstalter,
- Angaben, die von den Entsorgungsunternehmen erfragt werden sollten:
  - Wie und wo wird Abfall entsorgt/verwertet (z.B. Deponie, Müllverbrennungsanlage, Kompostieranlage)?
  - Welche Gefäße, Schilder, Leitsysteme o.ä. können zur Verfügung gestellt werden?
  - Mit welchen Kosten ist zu rechnen bzw. welche Einsparungen sind durch Getrenntsammlung möglich?
  - Nennung einer Kontaktperson im Entsorgungsunternehmen
- Festlegung bestimmter Normen, zum Beispiel Verkaufsverbote für Einwegbehälter

- Festlegung, welche Müllsorten getrennt erfaßt werden sollten (max. 3 + Sondermüll, in Abhängigkeit vom Veranstaltungstyp)
- Kontaktaufnahme mit Veranstaltungsmitwirkenden
  - Gespräche und Verhandlungen mit gastronomischen Betrieben, mit Ausstellern, Messebeschickern etc.
  - Eventuell Entwicklung eines Logos, einer »Müllparole«, als Teil der Öffentlichkeitsarbeit
  - Information der Teilnehmer im Zusammenhang mit Einladungsschreiben, Programmheften etc.

Hauptphase unmittelbar vor der Veranstaltung

- Öffentlichkeitsarbeit
  - Information der Teilnehmer, Besucher, Mitwirkenden über die Presse bezüglich Abfallvermeidung und Getrenntsammlung
  - Kooperation mit den Sachbearbeitern der Entsorgungsbetriebe bezüglich genauer Definition der Rahmenbedingungen (Teilnehmerzahl, Örtlichkeit, zeitliche Schwerpunkte . . .)
- Erstellung von Müllplänen, die festlegen
  - Größe und Anzahl der Müllbehälter für Auf- und Abbauphase, für Veranstaltungsphase (nach Ende der Veranstaltung wird besonders viel Müll anfallen)
  - Stellplätze der Behälter (Markierung auf Geländeplan)
  - Zeit des Aufstellens und Abtransportierens (Koordination und Straßensperrung, Besucherströme)
  - Zeitplan für Leerungen der Abfallbehälter
  - Reservecontainer und »Notfallpläne«
- Anfertigung einer ausreichenden und übersichtlichen Beschilderung
  - Hinweise auf Müllsammelstellen
  - Hinweise auf/über den Gefäßen über die jeweilige Abfahrt
- Einweisung von Helfern
  - Wie sollen sie Teilnehmer ansprechen, welche Auskünfte geben?
  - Lagepläne und Leerungszeiten
  - Nennung eines permanenten Ansprechpartners

Veranstaltungsphase

- Aktuelle Hinweise für Teilnehmer und Mitwirkende (z.B. Appell für Begrüßungsrede)
- Gespräche mit Teilnehmern und Mitwirkenden über Effektivität der Abfallentsorgung,
- gegebenenfalls spontane Modifikationen (z.B. Aufstellung eines weiteren Gefäßes für eine bestimmte Müllart, die überraschend anfällt; Reduzierung der Leerungshäufigkeit bei geringem Abfallaufkommen)

- Permanentes Sauberhalten des Veranstaltungsgebäudes (besonders wichtig im Freien, bei »wandernden« Veranstaltungen)

Nachbereitungsphase

- Sichere Entsorgung von Sonderabfällen
- Erstellung einer Müllbilanz in Kooperation mit den Entsorgungsunternehmen
- Kurze Dokumentation der Erfahrungen als Erinnerung für künftige Veranstaltungen
- Gegebenenfalls Information der Öffentlichkeit über besonders gelungene oder fehlgeschlagene Versuche.

Quelle: Helga Keßler/Monika Zimmermann: Der Öko-Veranstaltungsberater, Hamburg 1990.

Bemühungen der Veranstalter hinsichtlich einer gewünschten Umweltverträglichkeit von Großveranstaltungen können nur dann zum Erfolg führen, wenn die Besucher die Angebote auch annehmen. Besucher von Großveranstaltungen sind deshalb aufgefordert,

- öffentliche Verkehrsmittel zu benutzen bzw. Fahrgemeinschaften zu bilden und

- umweltverträglich zu konsumieren, d. h. keine Speisen und Getränke in Einwegverpackungen bzw. Einweggeschirr zu kaufen, bei fehlendem Angebot Kritik beim Veranstalter zu üben und Essen und Getränke eventuell von zu Hause mitzubringen. Keine Abfälle vor Ort zurücklassen!

3. Freizeitaktivitäten und Raumnutzung

3.1 Wohnumfeld

Über Jahrhunderte hinweg diente vorwiegend der private Lebensbereich (Haus, Hof, Garten) als Ort zur Entspannung und Erholung. Öffentliche Lebensräume waren neben Straße und Platz vor allem öffentliche Volkswiesen – überwiegend vor den Toren der Stadt. In der Zeit der Renaissance und des Barock traten private haus- und familienbezogene Freiräume in ihrer Bedeutung hinter die Entwicklung städtebaulicher Konzeptionen zurück.

Die Epoche der Industrialisierung war gekennzeichnet durch ein starkes Anwachsen der städtischen Bevölkerung und durch eine dichte Innenbebauung. Insbesondere die licht- und luftarmen Mietsblöcke der hochverdichteten »Spekulationsgebiete« boten kaum gemeinschaftliche Freiräume. Hinzu kam, daß Straßen und Plätze zunehmend durch den Verkehr dominiert wurden und nur noch in geringem Maße der Erholungs- und Freizeitnutzung zur Verfügung standen. Öffentliche Einrichtungen für Erholung, Unterhaltung und Volkswohl waren weitgehend unbekannt. Die schlechten Wohn- und Arbeitsverhältnisse im 19. Jh. bis Mitte des 20. Jh. waren Ursache und Anlaß zu Reformbestrebungen, die die Verbesserung der Wohnsituation und des Wohnumfeldes zum Ziel hatten. Es formierte sich u. a. die Kleingartenbewegung (Schrebergärten), die Volksparkidee sowie insbesondere das Konzept der teilweise genossenschaftlich ausgerichteten Gartenstadt.

Die in der Charta von Athen (1933) proklamierte städtebauliche Idee der Trennung der Bereiche Arbeiten, Wohnen und Erholen entwertete bis in die 70er Jahre hinein die Wohnstandorte im Innenbereich. Büro-, Gewerbe- und Geschäftsbauten und die zunehmende Verkehrsbelastung durch den autogerechten Ausbau der Straßen führten mehr und mehr zum Verlust von Frei- und Grünflächen und veränderten bzw. prägten die innerstädtischen Zonen. Die überwiegend in den 60er Jahren errichteten Wohnquartiere (Schlafstädte) des Geschoßwohnungsbaus an den Stadträndern boten kaum Freiflächen für aktive Freizeitbetätigungen an. Das »Abstandsgrün« zwischen den Wohnblöcken war für die Freizeitnutzung von geringem Wert.

Eine umwelt- und sozialverträgliche Wohnumfeldnutzung im innerstädtischen Bereich sowie in den sogenannten »Trabantenstädten« war daher kaum möglich. Die Situation verschärfte sich ab Mitte der 60er Jahre, als in wachsender Zahl flächenintensive Siedlungen freistehender Ein- und Zweifamilienhäuser an der Peripherie der Kommunen entstanden. Sie beeinträchtigten am Stadtrand nicht nur das Landschaftsbild durch Zersiedlung und monotone Bauweise, sondern verringerten zudem die geringen Möglichkeiten einer wohnumfeldnahen Erholung für die Allgemeinheit. Diese städtische »Randwanderung« führte auch dazu, daß sich Wohnbedingungen in den verdichteten Innenbereichen der Kommune verschlechterten. Die Folgen des unzureichenden und nicht den Ansprüchen der Bewohner gerecht werdenden Angebotes an wohnumfeldnahen Grün- und Freiflächen war die Verlagerung der sportlich ausgerichteten Freizeitgestaltung auf das Angebot an Sport- und Freizeitsportanlagen sowie das Ausweichen der Erholungssuchenden und Freizeittreibenden in naturnahe Landschaften außerhalb der Städte. Die bereits in den 50er Jahren einsetzende Motorisierung – vorwiegend der städtischen Bevölkerung – förderte die Tendenz zum Besuch stadtferner Gebiete.

Ab Mitte der siebziger Jahre erlangte jedoch das Wohnen in den Innenstädten wieder an Bedeutung und gesellschaftlichem Ansehen. Heute ist eine ausgeprägtere Wohnumfeldnutzung wieder ein wesentlicher Bestandteil des alltäglichen Lebens geworden. Es werden vor allem die Vorteile der Freizeitverbringung im Wohnumfeld als Begegnungsstätte verschiedener Altersstufen und Gesellschaftsgruppen wieder verstärkt wahrgenommen. Eine steigende Zahl staatlicher Förderprogramme, Landeswettbewerbe und kommunaler Maßnahmen zur Wohnumfeldverbesserung verdeutlichen den Stellenwert. Der Wertzuwachs des Wohnumfeldes läßt sich auch daran festmachen, daß die Bewohner von Städten zunehmend die Wohnqualität daran bemessen, welche Möglichkeiten zur Erholung ihnen vor Ort geboten werden. Zudem gewinnt der Wohn- und Freizeitwert einer Kommune als Faktor der Standortwahl von Unternehmensansiedlungen an Bedeutung.

Infolge der steigenden Wertschätzung der Innenbereiche als Wohnquartier werden von den Bewohnern neue und vielseitigere kommunale Infrastrukturangebote im Wohnumfeld gefordert. Neben Ideen zu neuen freiraumbezogenen architektonischen Lösungen entwickelten sich einerseits Ansätze einer erlebnisreichen und freizeitsportorientierten Erholung und andererseits auch Ansätze einer ökologisch orientierten Freiraumgestaltung im Siedlungsbereich (z.B. Innenhofbegrünung). Trotzdem fehlt es weiterhin in den Kommunen an nutzbaren öffentlichen bzw. halböffentlichen Freiräumen. Unterversorgt sind vor allem Gebiete mit hoher Grundstückausnutzung und Verdichtung (z. B. Gründerzeit-, Arbeiterviertel) sowie Stadtteile mit sozialem Wohnungsbau aus den 50er bzw. den 60er Jahren. Wegen der vielfach geringen Attraktivität der Freiflächen, aber z.T. auch der Freizeitanlagen, ist die Akzeptanz der vorhandenen Angebote im unmittelbaren Wohnumfeld in der Bevölkerung immer noch gering. Erforderlich ist in erster Linie eine Forcierung der beabsichtigten Maßnahmen und Planungen zur Wohnumfeldverbesserung mit Bürgerbeteiligung.

Maßnahmen zur Wohnumfeldverbesserung stehen zunehmend unter dem Aspekt, den motorisierten privaten Verkehr »nach draußen« durch Angebote im unmittelbaren Wohnumfeld zu reduzieren und so zur Entlastung der freien Natur im Umland von Kommunen beizutragen. Zur Entflechtung des Erholungsverkehrs ist daher eine entsprechende Angebotsstruktur von Freizeit- und Erholungsmöglichkeiten im Wohnumfeld anzubieten. Hauptziel ist die Erweiterung bzw. Rückgewinnung von Bewegungs- und Erlebnisräumen als stadtteilbezogene Umweltstrategie im Rahmen eines ökologischen Stadtumbaus. Anzustreben ist ein Freiraumsystem, das den Ansprüchen der sportiven Nutzung entspricht, Kunst- und Ästhetikinteressierte anspricht, dem Ruhesuchenden besinnliche Spaziergänge ermöglicht, dem Naturfreund Naturerlebnisse sichert, den Kindern Spiel- und Entdeckungsraum gewährleistet und Möglichkeiten zum »Feiern« gibt.

Eine sozial- und umweltverträgliche freiraumorientierte Wohnumfeldnutzung und -gestaltung verlangt daher die quantitative und qualitative Vernetzung von Spiel-, Sport-, Begegnungs- und Erlebnisflächen des

- privaten, gemeinschaftlichen und halböffentlichen Bereichs (z. B. Hausvorbereiche, Vegetations-, Erholungs- und Spielflächen, die einer Siedlung direkt zugeordnet sind, des weiteren Hinterhöfe, Wintergärten, Wohn- und Nutzgärten sowie Klein- und Mietergärten) mit den

- öffentlichen Bereichen. Hierunter sind Wohn- und Einkaufsstraßen, Wege, Quartiersplätze, öffentliche Grünflächen, Parkanlagen, Grünzüge, Grünverbindungen, Kleingärten, Spiel- und Sportflächen, Freibäder, Schulflächen, -höfe, Friedhöfe, naturbelassene und »ungeordnete« Freiflächen wie Wiesen, Brachen (Öd-/Ruderalflächen) und Baulücken sowie Wasserbereiche zu subsumieren.

Unerläßlich ist im Hinblick auf eine Wohnumfeldverbesserung die generelle Verbesserung der Umweltsituation bzw. Minimierung der ökologischen Belastungen in verdichteten Gebieten (z. B. Reduzierung von Lärm, Verminderung von Industrie- und Hausbrandemissionen). Wohnumfeldverbessernde Maßnahmen bedeuten in erster Linie die Förderung der sozialen Gemeinschaft und die Integration der Bewohner in ihrem unmittelbaren Wohnumfeld. Wesentlich tragen hierzu Verbesserungen im Bereich der Versorgungseinrichtungen sowie in der sozialen Infrastruktur bei (z. B. Ausbau von Kindergärten und Kindertagesstätten, Alten- und Pflegeheime etc.).

Bedingungen für eine Wohnumfeldverbesserung sind stadtteil- und gebietsübergreifende Maßnahmen der Verkehrsberuhigung, der Förderung einer Dezentralisierung der Arbeits- und Versorgungsschwerpunkte, eine umweltverträgliche Zuordnung von Arbeit und Wohnen, eine Integration von Freizeit und Umwelt sowie Aus- und Umbau des öffentlichen Personennahverkehrs bzw. eine Angebotserweiterung für Fußgänger und Radfahrer.

Wohnumfeldverbessernde Maßnahmen beinhalten aber auch die Erweiterung der Nutzungsangebote. Diese tangieren Maßnahmen zur Bereitstellung von Freiflächen zur Gestaltung für Freizeitaktivitäten, Angebotserweiterung, Betreuung und Verwaltung sowie zur Pflege von Freiflächen im Wohnumfeld.

3.1.1 Leitlinien zur umwelt- und sozialverträglichen Wohnumfeldnutzung

Eine stadtteilbezogene Strategie zur umweltverträglichen und sozialen Wohnumfeldnutzung muß folgende Leitkriterien berücksichtigen:

Gesellschaftliche bzw. politische Rahmenbedingungen

- Langfristig ist eine städtische Freiraumpolitik zu organisieren, die den traditionellen Wohlfahrtsgedanken des städtischen Grüns wieder stärker zur Geltung bringt.

- Dringlich ist der Abbau der Orientierungslosigkeit städtischer Freizeitpolitik durch kommunalpolitische Vorgaben zur umwelt- und sozialverträglichen Wohnumfeldgestaltung/-nutzung. Eine wesentliche Maxime kommunalpolitischer Strategie sollte vom Grundsatz ausgehen, daß die bebaute Siedlungsfläche nicht mehr als die Hälfte einer Gemeinde ausmachen darf.

- Unerläßlich ist eine klare und eindeutige kommunalpolitische Betonung, daß städtische Grün- und Freiflächen ein konstituierender Bestandteil der Kultur einer Stadt bzw. Gemeinde sind.

- Das Engagement der Bürger für ihr unmittelbares Wohnumfeld muß stärker gefördert werden. Verbesserte Umwelterziehung in den Schulen, Medieneinsatz, Workshops und Veranstaltungen zum Themenkomplex etc. können das Interesse der Bevölkerung an einer intensiveren Wohnumfeldnutzung verstärken.

Bedürfnisorientierung und Bewohnerbeteiligung

- Das Wohnumfeld muß wieder als Sozialraum in Wohnnähe verstanden werden.

- Die Wirksamkeit wohnumfeldverbessernder Maßnahmen ist nur dann gegeben, wenn eine konkrete Orientierung an den Freizeitbedürfnissen der Bewohner im Wohnumfeld stattfindet und wenn die Bewohner in ihrer Mehrheit die freiraumpolitischen Überlegungen der Kommune »mittragen«. Dazu ist das Wissen um bzw. Kenntnis über gruppenspezifisches Freizeitverhalten ein wichtiger Aspekt bei der Klärung einer bedürfnisorientierten Wohnumfeldgestaltung.

- Freiräume müssen den Ansprüchen möglichst vieler Bevölkerungsgruppen genügen.

- Wohnumfeldmaßnahmen sind in erster Linie auszurichten auf weniger mobile gesellschaftliche Gruppen, die im besonderen an Wohnung und Quartier gebunden sind, wie Alleinerziehende, Senioren, Kinder und Jugendliche, einkommensschwache Bevölkerungsgruppen, Erwerbslose und vor allem beruflich »Belastete« wie Schichtarbeiter und berufstätige Mütter.

- Wohnumfeldverbessernde Maßnahmen dürfen aber nicht zu Mietpreissteigerungen und Verdrängungsprozessen sozial schwächerer Gruppen führen. Qualitative und quantitative Verbesserungen im unmittelbaren Umfeld sind im Interesse der ansässigen Bevölkerung durchzuführen. Es müssen daher bereits vor der Konkretisierungsphase wohnumfeldbezogene Maßnahmen, orts- und schichtenspezifische sowie traditionsbedingte Besonderheiten mitberücksichtigt werden.

- Für Kinder und Jugendliche sind Spielraumkonzepte zu entwickeln, die nicht nur auf die »Spielplatzreservate« beschränkt sein dürfen, sondern den gesamten Stadtraum auf Erlebnismöglichkeiten hin analysieren und entsprechende Angebote zum Inhalt haben.

- Da mit zunehmender beruflicher Beanspruchung und Bildungsqualifikation auch das qualitative Spektrum der ausgeübten Freizeitaktivitäten wächst, ist auch für diese Bevölkerungsgruppen die Angebotspalette durch adäquate Freizeitangebote zu erweitern, damit ihre Wochenend- und Feierabenderholung im Wohnumfeld potentiell gewährleistet ist. Für Vollzeit-Berufstätige sind geeignete Anlagen zur Verfügung zu stellen, die auch »unorthodoxe« Öffnungszeiten beinhalten (z. B. »Nachtschwimmen« in Hallenbädern etc.).

- Das Angebot im Wohnumfeld wird insbesondere von Schülern und Studenten als nicht ausreichend empfunden. Die Handlungsfreiheit auf öffentlichen Grünanlagen gilt als eingeschränkt. Da aber gerade diese Gruppen ein starkes Interesse haben, sich mit »anderen« im Freien zu treffen, sind vermehrt für sie Freiräume und Treffmöglichkeiten u. ä. einzurichten.

Grün- und Freiflächen in verdichteten städtischen Gebieten gewährleisten aufgelockerte und vielfältige Siedlungsstrukturen. Sie leisten einen erheblichen Beitrag zur Wohnumfeldverbesserung und führen bei entsprechenden Freizeitangeboten zur gewünschten Reduzierung des motorisierten Individualverkehrs. Innerörtliche Grün- und Freiflächen dienen auch der Verbesserung klein-klimatischer

Bedingungen in städtischen Räumen und sind Lebensraum für Flora und Fauna. Grün- und Freiflächen können zu einer Revitalisierung eines ganzen Stadtteils führen, u. a. wenn in ihnen öffentliche und kulturelle Bauten angelagert oder diese in ein Netz von öffentlichen und halböffentlichen Grünzügen eingebettet sind. Die Beliebtheit einer Grün- oder Freifläche spiegelt sich in der Vielfalt seiner Besucher wider. Diese Akzeptanz ergibt sich dann, wenn die angrenzenden Stadtquartiere eine gemischte Nutzung (Wohnen, Kaufen, Arbeiten) aufweisen bzw. ermöglichen.

3.1.2 Maßnahmen, Programme, Konzepte und Tips

- Es sind von den Kommunen für die freiraumorientierte Wohnumfeldnutzung verstärkt nutzerorientierte Programme zu entwickeln und die Nutzungsmöglichkeiten der vorhandenen Freiräume weiterzuentwickeln.

- Freiräume und Angebote zur Freizeitverbringung im Wohnumfeld sind zu einem engmaschigen Freiraumsystem zu vernetzen, um die Leistungsfähigkeit und Wirkung der einzelnen Freiraumelemente deutlich zu steigern. Grundsätzlich sollten auch private und gemeinschaftliche Bereiche mit öffentlichen Freiräumen verknüpft werden. Ein wesentlicher Aspekt einer Wohnumfeldnutzung ist die öffentliche Zugänglichkeit von Kleingartenanlagen.

- Das vorhandene Instrumentarium zur Sicherung und (Weiter-) Entwicklung von Freiräumen ist von den Kommunen verstärkt auszuschöpfen (z. B. der Landschaftsplan bzw. Grünordnungsplan, landschaftspflegerischer Begleitplan).

- Insbesondere die Landschaftsplanung muß der Bauleitplanung gleichgestellt werden. Die Landschaftsplanung darf nicht nur auf das Ausfüllen von »Lücken« bzw. das Verteidigen von Natur-Resten beschränkt bleiben. Landschaftsplanung muß für die ganze städtische Entwicklung Vorgaben setzen. Dies trifft vor allem für die Gestaltung und Nutzung von öffentlichen Grün- und Freiflächen zu.

- Insbesondere der städtische Raum muß eine besondere Atmosphäre ausstrahlen, der zum Verweilen und zu zwischenmenschlichen Begegnungen anregt. Behörden und private Organisationen sind daher aufgefordert, attraktive und originelle Kommunikationsprogramme zur Belebung der Freiräume zu entwickeln.

- »Alternative« Anbieter sind zu mobilisieren und in die Planungen und Gestaltungsabläufe im Wohnungsumfeld mit einzubeziehen.

Nutzenintensivierung öffentlicher Grün- und Freiflächen

- Die der Allgemeinheit zur Verfügung stehenden Grün- und Freiflächen müssen leicht auffindbar und gut zugänglich sein.

- Der öffentlich nutzbare Freiraum sollte die alltägliche Bedeutung für die Bewohner widerspiegeln und eine unverkennbare Identifikation mit dem Wohnbereich ermöglichen.

- Anzustreben ist ein differenziertes System von Freiflächen, das die unterschiedlichen Nutzerinteressen widerspiegelt. Beispielsweise ist für den Freizeitsport ein Raumkonzept zu entwickeln, das Betätigungsmöglichkeiten in öffentlichen Grünflächen anbietet, aber gleichzeitig die ruhesuchenden Parkbesucher nicht vertreibt.

- Hauptziel einer umweltverträglichen, kommunalen Wohnumfeldpolitik muß die bevorzugte Errichtung von Freizeit- und Erholungseinrichtungen an Standorten sein, die mit öffentlichen Verkehrsmitteln, zu Fuß und/oder mit dem Fahrrad erreichbar sind (um u. a. den Flächenbedarf für Parkplätze zu verringern).

- Notwendig ist eine ausreichende Information der Bevölkerung über Nutzungs- und Gestaltungsmöglichkeiten. Grundsätzlich ist eine Beteiligung aller gesellschaftlichen Gruppen an Gestaltung und Pflege zu gewährleisten.

- Grün- und Freiflächen sollten veränderbar, unreglementiert, übersichtlich, familienfreundlich, aber auch phantasieanregend und die Kreativität fördernd, ausgerichtet sein. Grün- und Freiflächen sollten im wahrsten Sinne des Wortes »Frei-Räume« sein. Öffentliche Grün- und Freiflächen müssen daher prinzipiell entwickelbar sein und nur ein Minimum an Reglement und Organisation aufweisen. Öffentliche Frei- und Grünflächen sollten großzügige, offene Flächen sein sowie eine Vielzahl kleiner Einzelspielflächen aufweisen, die einer flexiblen Nutzung zugänglich sind.

- Wichtig für die Akzeptanz von Frei- und Grünflächen ist eine attraktive Durchwegung (z. B. für Radfahrer), die Schaffung von zweckgebundenen Einrichtungen wie Freilufttheater, die Bereitstellung von Veranstaltungsflächen, das Vorhandensein von umweltfreundlichen Sport- und Spielgeräten und von genügend Sitzgelegenheiten.

Umweltfreundliche Gestaltung von öffentlichen Frei- und Grünflächen

- Grün- und Freiflächen im Wohnumfeld sind naturnah, auf jeden Fall jedoch umweltfreundlich zu gestalten. Vor allem großflächige Erholungsflächen sollten eine landschafts- und standortgerechte Ausgestaltung aufweisen (Hecken statt Zäune, Wiesen statt Rasen, geringstmögliche Flächenversiegelung). Öffentliches Grün darf kein Einheitsgrün sein, es muß vielmehr eine vielfältige Freiraumästhetik anbieten.

- Verzicht auf überflüssige Eingriffe in der Freiraumgestaltung bei gleichzeitiger Betonung der vorgefundenen räumlichen Besonderheiten.

- Grün- und Freiflächen müssen auch den passiven Naturgenuß gewährleisten. »Grün« in der Stadt ist auch Gegenwelt zur lauten und technisierten Stadt.

- Schonung und Sicherung ökologisch empfindlicher Flächen.

- Bei der Pflege von Wiesen- und Rasenflächen ist auf den Einsatz von Herbiziden und Pestiziden generell zu verzichten. Eine naturnahe Pflege der Freiflächen beinhaltet einen angepaßten Düngemitteleinsatz sowie eine extensive Mahd.

Flächennutzung für Freizeitaktivitäten

Ein interessanter Ansatzpunkt ist die zusätzliche Bereitstellung von Spiel- und Freizeitgelegenheiten im unmittelbaren Wohnumfeld, und zwar auf nicht ausdrücklich für die außerhäusliche Freizeitverbringung bzw. Freizeitsportnutzung geschaffenen Freiflächen. Die Bereitstellung begründet sich darauf, daß

– ein großer Teil der Freizeittreibenden seine Aktivitäten (wie Radfahren, Jogging, Ballspiele u. a.) auf Wegen und Wiesen in Parks, auf öffentlichem Straßenland und auf Brachflächen ausübt,

– ein großes Bedürfnis nach spontaner Betätigung ohne Reglementierung besteht,

- das Wohnumfeld, insbesondere für Kinder, Jugendliche, alte Menschen, aber auch für sozial benachteiligte Gruppen, der wichtigste Ort der aktiven Freizeitverbringung ist und

- allgemein zugängliche Flächen für wohnungsnahe, zeitlich ungebundene Aktivitäten nicht oder unzureichend zur Verfügung stehen.

Das Spektrum der Flächentypen, die prinzipiell für freizeitsportliche Aktivitäten geeignet sind, reicht von Baulücken, Brachflächen, Wohn- und Spielstraßen, periodischen Straßenabsperrungen oder Flächen, die zu bestimmten Zeiten für Sport und Spiel nutzbar sind (z. B. Parkplätze) bis zu Abstandsflächen im Geschoßwohnungsbau. Der materielle und finanzielle Aufwand ist hierbei – verglichen mit der Bereitstellung konventioneller Freizeitsportinfrastruktur – denkbar gering (farbliche Markierungen, mobile Aufbauten, Absperrungen etc.).

Notwendig ist in erster Linie die Rückgewinnung der sozialen Funktion der Straße. Die durch den autogerechten Straßenausbau ausgelöste Verödung des städtischen Straßenbildes ist rückgängig zu machen; zumindest ein Teil der Verkehrsflächen ist dem Autoverkehr zu entziehen. Der Straßenraum muß wieder zur Nutzung für alle offenstehen. Dies ist u. a. durch die Schaffung nachbarschaftlicher Begegnungsstätten im öffentlichen Straßenraum möglich. Diese Maßnahmen beinhalten einerseits eine Verringerung des durch den Straßenausbau verursachten Freiflächendefizits. Andererseits werden die vom dichten Autoverkehr ausgehenden Lärm- und Abgasbelastungen der Umwelt durch Verkehrsberuhigungsmaßnahmen verringert. Durch Gestaltungsmaßnahmen können neue Aufenthaltsflächen für die wohnungsnahe Freizeitverbringung gewonnen werden. Erfolgversprechend sind die Maßnahmen jedoch erst dann, wenn es zu einer Aufwertung der Straße kommt (z. B. durch Aufpflasterung, Verbreiterung der Bürgersteige, das Anlegen von Radwegen etc.). Dies führt im Ergebnis zu veränderten Freizeit- und Kommunikationsverhaltensweisen im unmittelbaren Wohnumfeld.

Große Bedeutung für Maßnahmen zur Wohnumfeldverbesserung hat die Nutzung bzw. Rückgewinnung versiegelter Flächen. Insbesondere die Chancen der Nutzung von Gewerbegebieten bzw. von Industrie- und Gewerbegebäuden sind für Freizeitangebote zu prüfen, und zwar im Hinblick auf ihren Umbau zu zentrumsnahen Wohn- und Erholungsschwerpunkten.

Weitere Möglichkeiten bestehen in der Nutzung von Flachdächern (z. B. auf Tiefgaragen). Auch unkonventionelle Lösungen, wie sie die Anlage eines Golfübungsplatzes auf dem Dach des »Steglitzer Kreisels« in Berlin darstellt, können den Nutzungsdruck auf naturnahe Flächen mindern helfen.

Bisher wurde häufig der Wert verwilderter bzw. selbstbegrünter innerstädtischer Brachflächen für Freizeit und Erholung unterschätzt. Bürgerinitiativen weisen schon lange auf deren Nutzungsmöglichkeiten hin (z. B. stillgelegte Bahnflächen).

Vielfältige Möglichkeiten der Freizeitverbringung im Wohnumfeld bieten jene oft unauffälligen, z.T. »verwahrlosten« Freiräume zwischen den Häuserzeilen. Diese Freiflächen können von den Bewohnern u. a. als Spielplätze, Gemüse-, Zier- und Schaugärten genutzt sowie als Treffpunkte der Gemeinschaft gestaltet werden.

Eine zusätzliche Möglichkeit ist die Bereitstellung von Allwetter-Spielmöglichkeiten (z. B. ungenutzte Werkstätten, leerstehende Fabrikräume etc.), die Öffnung von Schulbereichen durch Umgestaltung zu

Kommunikationstreffpunkten und die Umwandlung von Remisen u. ä. zu Spiel- und Freizeitstationen.

Da die städtische Landschaft durch ihre historische, politische, soziale und kulturelle Bedeutung ein riesiges Erkundungsfeld darstellt, ist dieser »Lernraum« auch für spielerische Erfahrungen zu nutzen und miteinander »zu vernetzen«. Denkbar sind Spielwegenetze im Aktionsradius der Bewohner, die aber auch über das Stadtviertel hinaus zu entwickeln sind. Folgende Nutzungsmöglichkeiten des Straßenraumes für Kinder und Jugendliche bieten sich an:

- Stadtspiele (beispielsweise die Inszenierung einer Spielstadt in einer leerstehenden Fabrikhalle).

- Medienproduktionen (»unterwegs« mit dem Fotoapparat oder der Videokamera im Wohnumfeld).

- Fahrradspiele (ausgehend von einer mobilen Radwerkstatt, die den Jugendlichen beim Reparieren ihrer Räder hilft, werden Rund- bzw. Rallyefahrten organisiert).

- Stadtteil-Rallyes (es sind auf einem Weg durch den Stadtteil verschiedene Aufgaben zu lösen; Geschicklichkeit zählt mehr als Tempo).

- Der Einsatz von Spielbussen (mit Material und Spielgeräten); Betreuer organisieren mit den anwesenden Kindern Spiele wie z. B. »Stadtspiel«, »Museumsbus«, »Piratenlager«.

Einen Leitfaden für die Schaffung von Freizeitgelegenheiten hat die Stadt Oberhausen in Zusammenarbeit mit dem Kommunalverband Ruhrgebiet entwickelt. Hierin werden wertvolle Hinweise sowohl zur Methodik, der Erfassung und Bewertung des Angebotspotentials, zur Abgrenzung von Teiluntersuchungsräumen als auch zur organisatorischen Einbindung (Koordination, Information, Unterhaltung/ Pflege) gegeben.

Planungen für jede der anvisierten Freiflächen setzen jedoch eine sorgfältige Prüfung von Nutzungskonkurrenzen und möglichen Restriktionen voraus. Neben Kriterien wie Lage, Mikrostandort, Nutzungskonkurrenzen etc. sowie stadtentwicklungsplanerische Zielsetzungen sind insbesondere planungs- und eigentumsrechtliche Rahmenbedingungen zu berücksichtigen (Flächennutzungsplandarstellungen, Bebauungsplanfestsetzungen, Besitzstruktur). Da insbesondere wegen der meist kleinteiligen Besitzstruktur der in Frage kommenden Flächen, aber auch weil bei der Realisierung über baurechtliche Regelverfahren (Bebauungsplanverfahren) vielfach kurzfristige Lösungen unmöglich sind, kommt privatrechtlichen oder öffentlich-rechtlichen Verträgen zwischen Privaten bzw. Kommunen oder Privaten und Privaten eine besondere Bedeutung zu. Beachtet werden muß bei allen Planungen und Maßnahmen die ökologische Verträglichkeit.

Umweltgerechte Gestaltung von Freizeitsportanlagen

Sportanlagen erfüllen wichtige Erholungsfunktionen im Siedlungsbereich und können bei ökologischer Gestaltung und Pflege wesentlich zur Entwicklung und Verbesserung des Freiraumverbundsystems beitragen.

In den letzten Jahren wird daher zunehmend von der Bevölkerung und von Politikern der Anspruch formuliert, die nicht in Vereinen organisierten Freizeitaktiven in bestehende kommunale Sportanlagen zu integrieren. Dies ist deshalb anzustreben, um eine Entlastung der von den Freizeitsportlern genutzten und häufig überlasteten öffentlichen Grün- und Parkflächen in den Innenbereichen sowie der naturnahen Außenbereiche zu erreichen. Aber auch, um der Gefahr einer Unterbelegung der kommunalen Sportstätten rechtzeitig entgegenzuwirken. In diesem Zusammenhang wird die Forderung nach »Nutzungsintensivierung« und »Attraktivierung« der vorhandenen Sportinfrastruktur bzw. nach Planung und Gestaltung von Anlagen mit Aufforderungscharakter erhoben. Die öffentliche Hand sollte hierbei eine »Vorreiterfunktion« übernehmen und ihre landeseigenen und/oder kommunalen Freizeitsportanlagen auch für die nicht in Vereinen organisierte Bevölkerung öffnen und somit einen Beitrag zur Nutzungsintensivierung bestehender Anlagen sowie zur Entlastung wohnumfeldnaher Grün- und Freiflächen leisten.

Der geläufigste Indikator für die Attraktivität einer Sportstätte ist eine hohe Besucherzahl. Hinter den Schlagwörtern Attraktivierung und Nutzungsintensivierung von Sportanlagen verbergen sich die Ziele, das Freizeitsportflächenangebot wie auch das Angebot für sonstige Freizeitaktivitäten auszudehnen. Durch eine Erweiterung von Betätigungsmöglichkeiten werden u. a. mehr bewegungsaktive Menschen angesprochen und zum »Mitmachen« angeregt. Insbesondere für Berufstätige mit unregelmäßigen Arbeitszeiten könnte ein erweitertes Nutzungspotential erschlossen werden.

Dabei ist die Beurteilung der Attraktivität einer Sportanlage abhängig vom subjektiven Wertesystem eines Besuchers oder Nutzers. Beispielsweise interessiert einen Wettkampfsportler mehr das sportfunktionale Angebot, während ein »Freizeitsportler« eher eine Anlage aufsucht, die vielfältige und unreglementierte Sportangebote bereitstellt. Des weiteren haben ältere Menschen andere Erwartungen als jüngere Menschen. Die Zielgruppe spielt somit eine erhebliche Rolle bei der Frage, was unter Attraktivität zu verstehen ist. Übergeordnetes Ziel sollte es deshalb sein, möglichst vielen Menschen ein Mit- und Nebeneinander auf bestehenden kommunalen Anlagen zu ermöglichen. Eine kommunale Sportanlage sollte zukünftig:

- eine Mehrfachnutzung zulassen, die die Ausübung verschiedener Freizeitaktivitäten zur gleichen Zeit ermöglicht,

- eine Mehrzwecknutzung anbieten, die im zeitlichen Nacheinander die Durchführung vielfältiger Aktivitäten aus dem Sport- und Freizeitsportsektor sowie außersportliche Nutzungen erlaubt,

- auf vielfältige, individuelle und situationsbedingte spielerisch-sportliche Bewegungsmöglichkeiten und -absichten ausgerichtet sein,

- veränderbar sein, um eine inhaltliche Ergänzung und die Anpassung an neue Bedarfe zu gestatten,

- als ein in den Alltag des einzelnen integrierter einladender und wohnungsnaher Aktionsraum konzipiert werden, so daß der Besucher diesen Raum als Spiel- und Bewegungsmöglichkeit nutzen kann und darf,

- zwar in Gestaltung unverwechselbar eine Sportstätte signalisieren, jedoch die Zugehörigkeit zur Umgebung gewährleisten und kein Fremdkörper darstellen,

- attraktiv, abwechslungsreich und räumlich ästhetisch so gestaltet werden, daß auch während der freizeitsportlichen Betätigung das Wahrnehmungsvermögen des einzelnen für die Umgebung gewährleistet ist,

- als kommunikationsfördernde Begegnungsstätte konzipiert werden (z. B. mit Altentreff und Jugendcafé) und schließlich

- variationsreiche Organisationsformen im Freizeitbetrieb für die verschiedenen Interessengruppen (Vereine, Schulen, Betriebssportgruppen, Selbsthilfegruppen, kommerzielle Anbieter) sowie auch im Hinblick auf die Selbstorganisation der freizeitsportlichen Betätigung des einzelnen ermöglichen.

Maßnahmen zur Steigerung der Nutzungsintensivierung und Attraktivität (wie bauliche Umgestaltungen und Angebotserweiterungen) stehen jedoch vielfach im Spannungsfeld zum Ziel einer ökologischen Aufwertung von Freizeitanlagen. Die Grundproblematik von Strategien zur Nutzungsintensivierung liegt aus ökologischer Sicht darin, daß in bebauten, meist hochverdichteten Gebieten weitere Eingriffe vorgenommen werden und dadurch weitere Belastungen der Umwelt hervorgerufen werden können. Beispielsweise können durch die Lage bzw. Nähe von Sportstätten zu umgebender Wohnbebauung erhebliche Probleme entstehen, u.a. durch den Freizeitbetrieb und durch an- und abfahrende Kraftfahrzeuge (vermehrte Lärm- und Schadstoffbelastung). Durch weitere bauliche Verdichtung sind auch negative Folgen für Boden, Kleinklima, Grundwasserhaushalt sowie für Flora und Fauna zu erwarten.

Nutzenintensivierung von Freizeitsportanlagen

- Organisatorische Maßnahmen

Eine Optimierung der Belegung der Freizeitsportanlagen kann durch die Verlängerung der Öffnungszeiten der Anlage erreicht werden. Viele der Freizeitsportinteressierten können ihre Aktivitäten nicht bei Tageslicht ausüben. Sie sind insbesondere in den Wintermonaten auf Grün- und Freiflächen bzw. Sportanlagen angewiesen, die nach Einbruch der Dunkelheit beleuchtet werden. Die Beleuchtung trägt entscheidend zur Verlängerung der Nutzungsdauer bei. Die Verlängerung der Öffnungszeiten bei Freisportanlagen ist jedoch nicht unproblematisch, da hierdurch Konflikte (Lärmbelastung) zwischen Freizeitaktiven und Anwohnern entstehen können.

Eine bessere Ausnutzung der Freianlagen kann auch durch die ganztägige Öffnung der Anlagen erreicht werden. Durch Information und Werbung sollten zudem gezielt Angebote an Bevölkerungsgruppen gemacht werden, die insbesondere das Angebot an Vormittagen nutzen können (wie z.B. Schichtarbeiter, Eltern-Kind-Gruppen, Rentner, sonstige »Nichtberufstätige«). Auch durch die Mit-Organisation von Spieltreffs und durch Beratung und Durchführung von Programmen könnten neue Zielgruppen an die Anlagen herangeführt werden. Um den damit verbundenen erhöhten Personal- und Kostenaufwand zu minimieren, sind Kooperationen mit Gewerkschaften oder gemeinnützigen Verbänden denkbar.

- Mehrfach- bzw. Mehrzwecknutzung

Konzepte und Maßnahmen für eine Mehrzweck- oder Mehrfachnutzung von Freizeitsportanlagen verfolgen das Ziel, einerseits weitere Kapazitäten zu erschließen, andererseits zur Befriedigung von Nutzungsansprüchen der außerhäuslichen Freizeit im Wohnumfeld beizutragen.

Gegenüber den geläufigen »Monoeinrichtungen« sind Sport- und Freizeitanlagen mit größerer Vielfalt zu schaffen und/oder entsprechend umzubauen, so daß nacheinander verschiedene Sport- und Freizeitnutzungen durchführbar sind. Eine Mehrzwecknutzung beinhaltet auch die Möglichkeit zur Durchführung von Theater-, Musik- und sonstigen Festveranstaltungen.

Es sind insbesondere solche Freizeitaktivitäten zu

integrieren, die bisher nicht auf herkömmlichen kommunalen Sportanlagen zu finden sind und die vorwiegend im Naherholungsbereich stattfinden wie Joggen, Cross- und Orientierungsläufe oder Picknick.

- Materielle Angebotserweiterungen

Angebote sind für alle Nutzergruppen entsprechend ihren Wünschen und Bedürfnissen bereitzustellen. Das Angebot auf Freizeitsportanlagen kann u. a. durch Freiluft-Squash-Kabinen, Tennis- und Dartwände, Badminton-Plätze und fest installierte Tischtennisplatten ergänzt werden. Auf eine zu ausgeprägte »Möblierung« der Freizeitsportflächen ist jedoch zu verzichten.

Für spezielle Nutzergruppen (z. B. die Gruppe der Behinderten) sind geeignete Geräte und Einrichtungen zu installieren; für ältere Mitmenschen sind Flächen und Einrichtungen anzubieten, die auf die körperlichen Möglichkeiten dieser Gruppe zugeschnitten sind (u. a. Gymnastikwiese). Auch Eltern-Kind-Gruppen sind die Einrichtungen und Räume anzubieten (z. B. Sandkisten, Spielgeräte).

Zu erweitern sind die Möglichkeiten, Spiel- und Sportgeräte zu verleihen (auch gegen eine geringe Leihgebühr). Zu beachten ist, daß für Freizeitsport- und Spielgeräte vorwiegend umweltfreundliche Materialien (Holz) oder Recycling-Material verwendet werden. Ausleihmöglichkeiten sollten auch von den Gewerkschaften durch Aushänge in den Betrieben bekanntgemacht werden; des weiteren in Altentreffs, Jugendklubs, Stadtteil-Zeitungen etc.

Vor dem Hintergrund der Zunahme von Kleinhaushalten und der steigenden Zahl älterer sowie alleinstehender Menschen steigt auch der Wunsch nach informeller Geselligkeit und Kontakten. Einrichtungen auf Freizeitsportanlagen können diese Funktionen mit übernehmen und Treffpunkt und Begegnungsstätte sein. Nicht genutzte Geräteschuppen oder sonstige untergenutzte Bauten könnten als Kommunikationsräume ausgebaut werden bzw. als Jugendcafé, Seniorenbegegnungsstätte, Schülertreff oder als Begegnungsstätte zwischen ausländischen und deutschen Mitbürgern dienen. Kulturelle Veranstaltungen in diesen Räumlichkeiten erweitern die Attraktivität einer Freizeitanlage. Mit der Integration von Bewirtschaftungseinrichtungen in das Gelände von Sportanlagen kann zum einen das Bedürfnis nach Kommunikation und Geselligkeit befriedigt werden, zum anderen bietet die Einrichtung von Cafeterien die Chance, zusätzlich Freizeitaktive und Erholungssuchende aus dem unmittelbaren Wohnumfeld auf die Anlage zu »locken«.

Auch die Einbeziehung von Anlagen zur Gesundheitsvorsorge (z. B. Saunen, Kneipp-Anlagen, Inhalationseinrichtungen) sowie die Einbindung von kommerziellen Fitneßcentern oder Schwerathletikstudios kann Signalwirkung haben und die Attraktivität einer Sportanlage erhöhen.

- Baulich-gestalterische Einzelmaßnahmen

Sport- und Freizeitanlagen sind dem Charakter der Umgebung anzupassen. Die Übertragbarkeit von elementaren Erfahrungsdimensionen aus dem privaten Wohnbereich auf Gestaltungsqualitäten im Sport- und Freizeitstättenbau wird gefordert, damit die Benutzer eine stärkere innere Beziehung zur Anlage und deren gestalterischen Eigenschaften entwickeln können, die über das rein sportfunktionelle Interesse hinausreicht. Erlebnisqualitäten wie »sich wohl fühlen«, »geschützt sein« oder »sich verwirklichen« können durch bauliche Gestaltung erreicht werden.

Es sind ortstypische Bauformen und umweltverträgliche Materialien bei höchstmöglicher Reduzierung anonymer, vorgefertigter Bauelemente zu verwenden. Als Alternative zu völlig geschlossenen, künstlich beleuchteten und klimatisierten Sporthallen bietet sich der Bau ganzjährig nutzbarer Freilufthallen an. Problematisch ist, bestehende Anlagen, aber auch Grün- und Freiflächen, nach Modetrends im Bereich des Freizeitsports umzugestalten bzw. umzubauen. Denn oft ist nicht abzusehen, wie sich eine »neue« Freizeitart entwickelt. Deshalb sind regeloffene Flächen bereitzustellen, die mit geringem Aufwand umnutzbar sind. Es sind Flächen anzubieten, die viele Flächenpotentiale aufweisen bzw. durch den Nutzer erweitert, ergänzt oder korrigiert werden können.

Große und ungegliederte Flächen beeinträchtigen die Lust am Spielen und Bewegen. Im Hinblick auf die Gewinnung neuer Nutzer sind kleinteiligere Flächen notwendig.

Um die Barrierewirkung von Sportanlagen abzubauen, ist eine freie Zugänglichkeit und »Durchgängigkeit« der Anlagen anzustreben. Neben Fußwegen sollten Joggerpfade sowie Radwege durch eine Anlage geführt werden. Als gestalterische Maßnahme bieten sich Begrünungsmaßnahmen an. Aus Umweltschutzgründen positiv zu bewerten ist der Aufbau vegetativer Lärmschutzwände.

Die Schaffung von Ruhebereichen (»Relaxzonen«) auf den Randflächen der Freizeitsportanlagen nimmt eine besondere Stellung ein. Anzustreben ist eine behutsame Kombination von räumlich-offenen Bereichen für spontane Begegnung und Kommunikation, von Bereichen für Entspannungspausen und Bereichen, die konzentrierten Übungsprogrammen dienen.

- **Maßnahmen zur ökologischen Aufwertung von Freizeitsportanlagen im Wohnumfeld**

Überwiegend begrenzen die sportfunktionalen Anforderungen an bestimmte Flächen (Wettkampfmaße) die gestalterischen Möglichkeiten und Flächenpotentiale für eine Begrünung und naturnahe Gestaltung von Freizeitsportanlagen. Künftig sind deshalb die nicht sportlich genutzten Flächen so herzurichten und zu pflegen, daß erhebliche und nachhaltige Beeinträchtigungen durch Eingriffe in den Boden vermieden werden. Die Bedeutung dieser Nebenflächen aus ökologischer Sicht liegt in der Entwicklung von Flora und Fauna (als Rückzugsgebiet), Oberflächengestaltung (Modellierung), Anordnung von natürlichen Schall- und Sichtschutzeinrichtungen und in der Gewährleistung größerer Abstände zu umgebender Wohnbebauung.

Weitere Beispiele für eine ökologische Aufwertung von Sportanlagen sind die Erhöhung des Grünflächenanteils auf einem Grundstück, standortgerechte Bepflanzung, Dach- und Fassadenbegrünung und Um- und Rückbau (Entsiegelung) der Erschließungsflächen.

3.2 Naherholung

Naherholungsgebiete sind Bereiche der freien Landschaft im ländlichen Raum und/oder im Einzugsbereich von städtischen Siedlungen. Sie werden für die Tageserholung und für die Wochenenderholung (maximal 1–3 Übernachtungen) aufgesucht. Für die überwiegende Zahl von Naherholungsaktivitäten wird eine Distanz von 50 km bis 100 km nicht überschritten. Welche Entfernungen überwunden werden, hängt jedoch in starkem Maße von der Lage attraktiver Erholungsgebiete ab. Als

Naherholungsraum kann ein Raum bezeichnet werden, für dessen Erreichbarkeit mehr als 20 Minuten Wegzeit erforderlich ist. Durch naturräumliche Besonderheiten bzw. durch die Nähe zu städtischen Ballungsgebieten überlagern sich häufig Naherholungsgebiete mit Tourismusregionen.

Die Ideen der Aufklärung beeinflußten bzw. bewirkten eine Änderung der Einstellung zur natürlichen Umwelt. Das im 18./19. Jahrhundert aufkommende Bildungsideal des Bürgertums »romantisierte« die Natur in Dichtung und Malerei. Es wuchs das Interesse, Natur und Landschaft »zu erleben«. Gefragt waren Wanderungen und Reisen in »wildromantische« Landschaften. Als Ergebnis dieser Entwicklung formulierte sich erstmals die Sorge um die Erhaltung von Natur und Landschaft sowie von kulturhistorischen Baudenkmälern.

Im 18./19. Jh. verfügten vorwiegend nur die wohlhabenden Schichten des Adels und des Bürgertums über ausreichend freie Zeit und finanzielle Mittel, den Wohnort für Kurzreisen zum Besuch attraktiver Landschaften und Orte zu verlassen. Zielgebiete waren Kur- und Thermalbäder, Bergdörfer im Mittel- und Hochgebirge und die rasch in Mode kommenden Badeorte am Meer.

Trotz großer Finanznot und knapp bemessener Freizeit der arbeitenden Schichten entwickelte sich um die Jahrhundertwende auch in den übervölkerten Industriezentren Stadt-Umland-Beziehungen. Der »Sonntagsausflug« in das städtische Umland wurde zu einem festen Bestandteil des Freizeitverhaltens breiter Bevölkerungskreise. Die Entwicklung des Naherholungsverhaltens im 19. Jh. wurde auch in erheblichen Maße von den noch engen familiären Bindungen der städtischen Zuwanderer an ihre ländliche Herkunft mitgeprägt.

Das Bedürfnis nach Erholung im städtischen Umland ist vordergründig durch die Zunahme der physischen und psychischen Belastungen der in den unwirtlichen und naturfernen Ballungsgebieten lebenden und arbeitenden Menschen zu erklären. In diesen Städten mit spärlichem Freiraumangebot war ein »Sicherholen« von den Belastungen der Arbeit kaum möglich. Zum Ausgleich für die verminderte Lebensqualität in den Städten (u. a. wegen schlechter hygienischer Bedingungen) wurden ländlich und naturräumlich geprägte Naherholungsgebiete aufgesucht. Dort wurde das vorgefunden, was »zu Hause in der Stadt« fehlte. Dazu gehörte in erster Linie die naturbelassene und als »schön« empfundene Landschaft, die besondere Eigenart der reliefbetonten Freiräume, die Vielfalt der Flora und Fauna, ein gesundes Klima, eine geringe Siedlungsdichte sowie die Möglichkeiten, sich nach dem eigenen Gusto zu erholen und sich ohne einschneidende Reglementierung zu vergnügen.

Das unzureichende Angebot im Wohnumfeld prägt auch heute noch das Naherholungsverhalten der bundesdeutschen Bevölkerung. Nach einer Untersuchung des Deutschen Wirtschaftswissenschaftlichen Instituts für Fremdenverkehr unternimmt jeder (West-)Bundesbürger durchschnittlich 19,9 mal im Jahr einen Ausflug, wobei Stadtbewohner prozentual häufiger Ausflüge machen als Dorfbewohner.

Wegen der hohen Frequentierung sind die zur Erholungs- und Freizeitnutzung vorgesehenen Räume an die Grenzen ihrer Belastbarkeit gestoßen. Sie sind dabei, das zu verlieren, was ihre Attraktivität vormals ausgemacht hat. Vielerorts wird das Bild der Naherholungsgebiete durch dieselben Probleme bestimmt, die in den städtisch verdichteten Räumen vorhanden sind und denen man ausweichen wollte: Lärm, Umweltverschmutzungen von Boden, Wasser und Luft, der Verlust der Naturnähe, ein dramatischer Rückgang der Flora und Fauna, Verödung und Homogenisierung der landschaftlichen Eigenarten durch Verstädterung der Landschaft.

Neben der notwendigen gesamtgesellschaftlichen Umorientierung hinsichtlich des Umgangs mit der natürlichen Umwelt sowie der Verbesserung der Lebens- und Arbeitsbedingungen für die Menschen (Humanisierung der Arbeit, Umgestaltung der Städte) sind innerhalb der Naherholungsgebiete Lenkungs- und Bündelungsmaßnahmen der Freizeitaktivitäten notwendig. Das Bedürfnis nach Freizeitverbringung durch Tages- und Wochenendausflüge in naturnahe Räume wird trotz Maßnahmen zur Wohnumfeldverbesserung vorerst auf dem jetzigen hohen Niveau bleiben. Es ist daher notwendig, die Freizeitaktivitäten so zu lenken und zu bündeln, daß die ökologisch empfindlichen Naturräume geschont, die Freizeitaktivitäten in weniger empfindliche Räume gelenkt und somit die Belastungen von Natur und Landschaft insgesamt gering gehalten werden. Es bieten sich nachfolgend beschriebene Lösungen an.

3.2.1 Verkehrsbezogene Lösungsansätze

Lösungsansätze müssen auch auf die Verringerung der Belastungen durch den motorisierten Individual-Freizeitverkehr ausgerichtet sein bzw. darauf abzielen. Verkehrsbezogene Lösungsansätze, wie sie nachfolgend kurz skizziert werden, gelten für den Bereich der Nah- und Fernerholung (detaillierte Lösungsansätze zur Vermeidung bzw. Verminderung der Umweltbelastungen durch Freizeitverkehr werden in Kapitel 5 dargestellt).

Es bieten sich grundsätzlich 3 Möglichkeiten an, um

die Belastungen des motorisierten Individualnahverkehrs zu reduzieren. Idealerweise sollten sie miteinander kombiniert werden:

- Die Reduzierung des Verkehrs insgesamt. Um das Aufkommen der städtischen Verkehrsströme in das Umland zu minimieren, müssen die Ursachen der Verkehrsbewegungen nach »draußen« in die naturnahen bzw. natürlich geprägten Räume analysiert und entsprechende Maßnahmen ergriffen werden. Neben Maßnahmen zur Verhinderung bzw. Benachteiligung des motorisierten Individualverkehrs (z. B. durch teure Parkplatzgebühren) sind die Attraktivierung des Wohnumfeldes für Freizeitaktivitäten sowie die Verbesserung der Angebotsplanung der in Wohnnähe vorhandenen öffentlichen Freizeiteinrichtungen wichtige Ansätze.

- Ersatz des motorisierten Individualverkehrs durch Verkehrsmittel des öffentlichen Personennahverkehrs. Das beinhaltet die qualitative Verbesserung und Erschließung der Naherholungsgebiete bzw. stadtnahen Bereiche durch öffentlich zugängliche Verkehrsmittel.

- Lenkung des verbleibenden motorisierten Individualverkehrs durch Kanalisierung der Verkehrsströme weg von den empfindlichen Naturräumen in weniger empfindliche Räume.

3.2.2 Planerische Lösungsansätze

Notwendig ist eine Freizeit- und Erholungsplanung, die sich an den Stichworten »Belastungen der jeweiligen Freizeitaktivität« und »Belastbarkeit des jeweiligen Raumes« orientiert.

Bereits auf der Landes- und Regionalplanungsebene sollte im Rahmen der Raumordnung und der Landschaftsplanung durch die Ausweisung von Erholungsschwerpunkten und Vorranggebieten für Naturschutz eine großräumige Zonierung und Entflechtung der verschiedenen Nutzungen erreicht werden.

In einem Regionalplan oder Landschaftsrahmenplan können Erholungsräume ausgewiesen werden, die durch unterschiedlich ausgeprägte Schutz- und Gestaltungsvorgaben eine Lenkung der Freizeitaktivitäten ermöglichen. Sie sollen sowohl dem Natur- und Landschaftsschutz als auch dem Erholungsbedürfnis der Bevölkerung gerecht werden.

So legt beispielsweise der Regionalplan München 24 große Erholungsgebiete fest, in denen eine ungeordnete Siedlungstätigkeit eingeschränkt werden soll, aber auch die Möglichkeit besteht, ökologisch sensible Bereiche vor den Erholungssuchenden zu schützen. Es wurden darüber hinaus weitere Vereinbarungen getroffen, die diesen Zielen verpflichtet sind:

- Schaffung regionaler Grünzüge entlang der Flußläufe, die Stadt und Umland miteinander verbinden sollen.
- Ausweisung von Bannwäldern zum Schutz des Waldbestandes in der jeweiligen Region.
- Ausweisung landschaftlicher Vorbehaltsgebiete, die der Sicherung der Leistungsfähigkeit des Naturhaushaltes und der Erholungseignung dienen sollen.
- Ausweisung landschaftlicher Vorranggebiete, in denen die Belange des Erhaltes und der Entwicklung der Landschaft Vorrang vor anderen Nutzungen haben.

Erholungsmöglichkeiten im Umland können auch im Rahmen der Stadtentwicklungsplanung durch die Schaffung von stadtnahen Grüngürteln bzw. Grünzügen und deren Anbindung an das Umland geschaffen werden. Dadurch wird das Grünflächenangebot und das Angebot an Naherholungsmöglichkeiten in unmittelbarer Nähe der Kommune verbessert; die Verkehrsströme in die weitere Umgebung werden reduziert und die Erreichbarkeit dieser Gebiete mit umweltfreundlichen Verkehrsmitteln (Fahrrad) verbessert.

Auch die Bauleitplanung und Landschaftsplanung ist bei baulichen Einrichtungen im Zusammenhang mit Freizeitaktivitäten gefragt. Bewertungskriterien, wie sie für eine umweltverträgliche Campingplatzplanung formuliert wurden, können als Grundlage für die Planung von Freizeitanlagen herangezogen werden.

Ein weiteres Instrument zur Lenkung von Freizeitaktivitäten ist die im Rahmen des Naturschutzrechtes mögliche Ausweisung von Schutzgebieten.

Die Überprüfung der Umweltverträglichkeit sollte grundsätzlich allen umweltrelevanten Erschließungsmaßnahmen für Freizeitanlagen bzw. -aktivitäten vorausgehen. Das hierfür seit August 1990 geltende bundesdeutsche Gesetz verlangt die Durchführung einer Umweltverträglichkeitsprüfung bei der »Errichtung von Feriendörfern, Hotelkomplexen und sonstigen großen Einrichtungen für die Ferien- und Fremdenbeherbergung, für die Bebauungspläne aufgestellt werden«.

Vor dem Hintergrund der hohen Belastungen der Naherholungsgebiete durch Besucher und der knappen Flächenressourcen stellt die Schaffung von Alternativangeboten in Räumen mit geringerer ökologischer Empfindlichkeit einen bei Planungen mit besonderem Augenmerk zu verfolgenden Ansatz dar. Zwei Punkte sind hier zu erwähnen.

- Erschließung ehemaliger Militärgelände für die Erholungsnutzung.

Die spezifische und ausschließlich militärische Nutzung von Truppenübungsplätzen hat einerseits Landschaften zerstört, andererseits die Entwicklung wertvoller Biotope in Teilbereichen ermöglicht. Vor dem Hintergrund der politischen Umbruchsituation in Europa, ist es durchaus realistisch, daß in Zukunft solche Gebiete wieder anderen Nutzungen zur Verfügung stehen werden. Neben dem notwendigen Erhalt und dem Schutz der entstandenen Ökosysteme erschließt sich damit auch ein Flächenpotential für Freizeitaktivitäten. Die durch die militärische Nutzung zerstörten Landschaften können durch Renaturierungsmaßnahmen der Erholungsnutzung erschlossen und damit gleichzeitig ökologisch aufgewertet werden. Für das Gebiet der ehemaligen DDR wurde bereits Anfang 1990 ein Konzept für Truppenübungsplätze angeregt, das Teilgebiete zur Nutzung durch Freizeit- und Erholungsaktivitäten vorsieht.

- Schaffung von Erholungsgebieten und Freizeitanlagen auf stillgelegten Industrieflächen.

Die strukturellen Veränderungen in traditionellen Industriegebieten (Ruhrgebiet, Saarland) haben großflächig Industriebrachen entstehen lassen, die teilweise für Freizeitaktivitäten zur Verfügung gestellt werden können. Diese Flächen bieten sich vor allem als Standorte für Freizeitgroßanlagen (u. a. Freizeitparks) oder für umweltbelastende Freizeitaktivitäten wie Moto-Cross an. Aber auch die Nutzung durch stärker naturorientierte Freizeitaktivitäten ist möglich. Ein Beispiel ist das Wander- und Klettersportzentrum Kirchheller Heide im Ruhrgebiet. Auf einer Halde des Steinkohlebergbaus wurde eine naturnahe Landschaft neu gestaltet und weiträumige Möglichkeiten zur Freizeitverbringung geschaffen. In künstlich geschaffenen Höhlen werden zusätzlich Schulungen und Informationsveranstaltungen durchgeführt, um das Naturverständnis der Besucher zu fördern.

Auch die in vielen Teilen des alten Bundesgebietes durch den Kiesabbau entstandenen künstlichen Gewässer stellen ein Potential für die Freizeitnutzung dar, das zum Teil bereits intensiv genutzt wird. Es ist jedoch darauf zu achten, daß nicht Konflikte mit den Belangen des Naturschutzes entstehen, da Baggerseen häufig neue Lebensräume bzw. Rückzugsgebiete für bedrohte Tier- und Pflanzenarten darstellen.

3.2.3 Maßnahmen der Besucherlenkung in Naherholungsgebieten

Um empfindliche Räume, Flächen und Standorte in Naherholungsgebieten zu schützen, sind Begrenzungs-, Reglementierungs- und Ordnungsmaßnahmen von Freizeitaktivitäten und -veranstaltungen sowie Konzepte zur Lenkung von Besucherströmen von größter Relevanz. Dies beinhaltet abgestufte Maßnahmen zur Reduzierung des Freizeitverkehrs bzw. die Verdichtung des öffentlichen Verkehrs und des öffentlichen Personennahverkehrs, aber auch Maßnahmen, die den Nutzerdruck in ökologisch empfindlichen Bereichen verringern helfen.

Regulative Maßnahmen

Insbesondere Maßnahmen sind sinnvoll, die darauf abzielen, den Erholungssuchenden in weniger empfindliche Gebiete zu lenken. Erreicht werden kann dies durch eine Angebotsplanung. Um eine Übernutzung naturnaher Landschaften zu vermeiden, sind Maßnahmen zur Verringerung der Besucherdichte bzw. der Reduzierung der Freizeitaktivitäten notwendig. Dies ist möglich durch zeitliche und/oder räumliche Regelungen wie Einschränkungen, Eingrenzungen sowie durch Aussperrung bzw. Ausschluß von Freizeitaktivitäten. Faktisch können Quotierungen der Zugänglichkeit (z. B. in Skigebieten), Einschränkungen des Betretungsrechts sowie Befahrensge- und -verbote für eine Vielzahl von Freizeitaktivitäten ausgesprochen werden, um Nist-, Brut- und Ruhezeiten der Fauna zu gewährleisten.

Der Ausschluß von Freizeitaktivitäten in Naturschutzgebieten muß akzeptiert werden. Jedoch sind weitere Einschränkungen, u. a. des Waldbetretungsrechts oder des Befahrensrechts von Gewässern, soweit als möglich zu vermeiden, da sie bei der erholungssuchenden Bevölkerung auf Unverständnis treffen, Kontrollinstanzen benötigen und zu einem Vollzugsdefizit führen können. Die Errichtung von Pufferzonen zwischen Naturschutz- und Erholungsbereich stellt eine weitere wirksame Maßnahme zur Besucherlenkung dar.

Kleinräumige Zonierung

Bei der Planung und Gestaltung von Naherholungsgebieten ist auf eine kleinräumige Zonierung der Nutzungen durch Freizeit- und Erholungsaktivitäten zu achten. Es sind zum einen Bereiche für eine intensive Freizeit- und Erholungsnutzung zu schaffen, zum anderen Räume für »stille« Erholung bzw. Naturerlebnis freizuhalten. Schließlich sind Bereiche auszuweisen, die ganz dem Naturschutz vorbehalten bleiben.

Ein Beispiel, das in diese Richtung zielt, ist das »Erholungsgebiet Tenderingsweg« in Voerde. An drei Baggerseen wurden unterschiedliche Zonen für Erholungsnutzung und Naturschutz geschaffen. Durch Bündelung der Infrastruktureinrichtungen wurde eine Lenkung der wasserorientierten Erholungsnutzungen erreicht. Teilbereiche stehen speziell den Surfern zur Verfügung, aber auch dem Arten- und Biotopschutz. Durch eine entsprechende Wegeführung und Gestaltung konnten Erholungssuchende aus empfindlichen Bereichen ferngehalten werden.

Die räumlich differenzierte Projektierung von Infrastruktureinrichtungen sowie die Nichterschließung sensibler Bereiche sind wesentliche Maßnahmen zur Lenkung der Besucher innerhalb von (Nah-) Erholungsgebieten. Parkplätze, Rast- oder Picknickplätze, Badeplätze, Wanderwege und Loipen können so projektiert werden, daß die ökologisch sensiblen Bereiche ausgespart werden. So können beispielsweise Park- und Rastplätze in der Nähe von Gewässern angelegt werden, ohne direkt die empfindlichen Uferbereiche zu tangieren. Der »Spaziergang am Wasser« bleibt dadurch weiterhin möglich, ohne daß stärkere Belastungen durch Abfall und Abgase entstehen. Auch Wanderwege und Loipen müssen nicht unbedingt durch die empfindlichen Bereiche führen. Unter Einbeziehung von wald- und landwirtschaftlichen Wirtschaftswegen und durch eine Wegeführung entlang von Waldrändern können Belastungen reduziert werden, ohne eine Einschränkung der Freizeitnutzung zu bewirken.

Darüber hinaus kann die Errichtung von attraktiven Einrichtungen (Aussichtsplattformen, Rast- und Picknickplätzen) den Besuchern Anreize bieten, diese Plätze aufzusuchen (und somit von anderen empfindlicheren Stellen »abgelenkt« werden). Hierbei ist allerdings eine unnötige »Möblierung« der Landschaft zu vermeiden und eine dem Landschaftsbild angepaßte Gestaltung anzustreben.

Eine abschreckende Wirkung, bestimmte Bereiche zur Erholung aufzusuchen, kann in der absichtlichen Begrenzung der Infrastrukturkapazitäten liegen. Fehlende Park- und Rastplätze, Wanderwege und Loipen können die Attraktivität von bestimmten Räumen erheblich vermindern. Allerdings ist es wichtig, daß für die potentiellen Besucher Angebote vorhanden sind.

Auch baulich-gestalterische Maßnahmen in der Landschaft können wesentlich zur kleinräumigen Besucherlenkung in (Nah-) Erholungsgebieten beitragen. Ein mit grobem Schotterbelag errichteter Weg wird weniger benutzt als ein fußfreundlich gestalteter Weg; dichte Abpflanzungen können das Betreten von Uferbereichen verhindern. Wegebegrenzungen mit standortangepaßten Abpflanzungen, Schlagabraum/Reisig- oder Wassergräben können als psychologische Barrieren eingesetzt werden, um das Verlassen von Wegen zu verhindern, ohne daß dabei das Landschaftsbild gestört wird. Auch ermöglichen die Errichtung von Bohlenstegen in Feuchtgebieten und Mooren den Erholungssuchenden das gewünschte Naturerlebnis, ohne die empfindlichen Naturräume zu belasten.

Letztendlich ist die Information und Aufklärung der Erholungssuchenden und Freizeittreibenden vor Ort ein wichtiger Ansatzpunkt zur Konfliktlösung. Dies kann durch die Aufstellung von Hinweisschildern, die Errichtung von Lehrpfaden, den Aufbau von Informationszentren, durch ökologisch ausgerichtete Führungen oder das Verteilen von Faltblättern im Ferienort geschehen. Die Sensibilisierung der Erholungssuchenden für die Konflikte zwischen Freizeitaktivitäten und Umwelt ist eine Ergänzung, aber auch eine notwendige Voraussetzung für die Wirksamkeit von planerischen und gestalterischen Lenkungs- und Bündelungsmaßnahmen.

3.3 Tourismus

3.3.1 Entwicklung des Tourismus

Tourismus bzw. Urlaubsreisen sind ein relativ junges Phänomen. Als Vorläufer der heutigen touristischen Reisen gelten u.a. Bildungs- und Forschungsreisen im 18. Jh., z.B. von Winkelmann, Goethe oder Alexander von Humboldt. Bereits Mitte des 19. Jh. erschienen die ersten Reisehandbücher und Ortsführer, was als Beginn des heutigen Massentourismus bezeichnet werden kann. In der Weimarer Republik konnte erstmals ein tariflicher Urlaubsanspruch für die Arbeitnehmer erreicht werden, und zwar von 3–6 Tagen im Jahr; er variierte je nach Branche und Betrieb.

Als Massenphänomen entwickelte sich das Reisen ab 1960, als entscheidende Verbesserungen der Entlohnung und der sozialen Sicherheit für die Arbeitnehmer durch die Gewerkschaften durchgesetzt werden konnten. Seit 1963 besteht in der alten Bundesrepublik ein gesetzlicher Urlaubsanspruch; 1989 betrug die durchschnittliche Jahresurlaubszeit 31 Tage.

Reisen zum Zwecke der Erholung mit einer Aufenthaltsdauer von mindestens vier Übernachtungen werden als Urlaubs- oder Ferienreisen definiert. Tourismusregionen können als Gebiete bezeichnet werden, die bevorzugt während einer Urlaubsreise aufgesucht werden.

Für Urlaubsreisen gaben die (West-)Bundesbürger 1989 ca. 110 Mio. DM aus. Das entspricht etwa 6% des Volkseinkommens. Nach Ausgaben für Wohnen und Lebensmittel liegen die Aufwendungen für Urlaubsreisen an dritter Stelle. 25 Mio. Menschen, das sind über ⅔ der Urlauber, benutzten als Verkehrsmittel den privaten Pkw; lediglich 3,6% fuhren mit der Bahn in die Ferien. 1989 unternahmen 36,6 Mio. (West-)Bundesbürger im Alter von 14 Jahren eine oder mehrere Urlaubsreisen. Das entspricht 66,8% der westdeutschen Gesamtbevölkerung. Relativ am stärksten vertreten ist hierbei die Gruppe der 14- bis 19jährigen; anteilig hoch vertreten ist auch die Gruppe der Rentner bzw. Pensionäre.

Der überwiegende Teil der Reisen (ca. zwei Drittel) führt ins Ausland. Inlandtourismus ist jedoch in der Tendenz steigend. Die Zahl der Übernachtungen in den betriebspflichtigen Beherbergungsstätten betrug 1989 in den alten Bundesländern 243,3 Mio., sie lag damit um 3,9% über dem Wert des Vorjahres.

3.3.2 Diskussion der Ansätze Sanfter Tourismus

Der massenhaft betriebene Tourismus hat in den letzten Jahrzehnten zu immer stärkeren und offensichtlicheren Umweltbelastungen in Natur und Landwirtschaft geführt. In den alten Bundesländern wird diese Umweltgefährdung durch Tourismus in den bevorzugten Urlaubsgebieten, vor allem in den bayerischen Alpen und an den Küsten, deutlich. Beispielhaft sind als Umweltbelastungen der Landschaftsverbrauch und die Zersiedelung durch touristische Infrastruktureinrichtungen wie Hotels, Restaurants, Straßen und Skilifte, Umweltbelastungen durch Verkehr (Lärm, Abgase), erhöhtes Abfall- und Abwasseraufkommen sowie der immense Trinkwasserverbrauch zu nennen. Auch die Probleme für die vom Tourismus betroffenen Einwohner steigen. Festzustellen ist in den Urlaubsregionen eine zunehmende »Überfremdung«, die Nivellierung regionsspezifischer Besonderheiten und die Abhängigkeit von touristischen Monoinfrastrukturen. Letzteres führt z. B. in Wintersportorten bei nicht wintersportgerechten »schlechten« Witterungsbedingungen zu wirtschaftlichen Einbußen bis hin zum Verlust von Arbeitsplätzen.

Die ökologischen Probleme der Tourismusregionen sind den Bundesbürgern durchaus bewußt. Nach einer Umfrage des Allensbacher Instituts von 1990 glauben 73% der westdeutschen Bevölkerung, daß der Tourismus in den Urlaubsgebieten wesentlich zur Belastung der Landschaft beiträgt. Als die wichtigsten Ursachen wurden Autoverkehr, Abfälle und Abwässer genannt. Diese Einsicht führt jedoch beim eigenen Reise- und Freizeitverhalten bisher zu keinen erkennbaren Konsequenzen (z. B. hinsichtlich Kfz-Nutzung oder Fernreisen).

Die ökologischen Belastungen bzw. Folgen durch Freizeit- und Erholungsaktivitäten werden bereits seit den 70er Jahren diskutiert und zunehmend kritisiert. Gleichzeitig wurden mit der Kritik auch Strategien für eine Umorientierung des Tourismus formuliert, die heute vielfach unter dem Schlagwort »Sanfter Tourismus« subsumiert werden.

Diese Strategien beinhalten mehr als nur den Aspekt der Umweltverträglichkeit. Sie enthalten auch Zielvorstellungen mit Blick auf Sozialverträglichkeit und Wirtschaftlichkeit.

Die folgende Übersicht gibt zusammenfassend Ziele des »Sanften Reisens« und Tips für umweltfreundliches Verhalten auf Reisen und im Urlaub wieder.

*36 Schritte zum Sanften Reisen**

1 **Reiseveranstalter** arbeiten mit ehrenamtlichen Vereinen zusammen. Sie entwickeln ihre Pro-

---

* Quelle: natur dossier: Urlaub '90. So reisen sie mit Rücksicht: 36 Schritte zum Sanften Reisen, in: natur 3/90, S. 53.

gramme und Angebote gemeinsam mit Dritte-Welt-Gruppen, Umweltschützern und Verbraucher-Initiativen.

2 Bei allen großen Reiseveranstaltern arbeiten **Umweltbeauftragte.** Sie pflegen regelmäßige Kontakte zu den Öko-Verbänden, erstellen Kunden-Informationen zum Sanften Reisen und entwickeln umweltverträgliche Planungen für Unterkünfte oder Reiserouten.

3 Reisebüros schulen ihre Mitarbeiter nicht nur in Verkaufspsychologie, sondern vermitteln ihnen auch **Kenntnisse im Umweltschutz** und informieren sie über die Kultur des jeweiligen Reiselandes.

4 **Reisekataloge** enthalten auch Angaben über Umweltbelastungen, die am Urlaubsort bereits bestehen oder zu befürchten sind (Lärm, Industriegebiet in der Nähe, Algenteppiche).

5 Schon in ihren Prospekten geben die Reiseveranstalter **Ratschläge,** wie man sich im Urlaubsgebiet umweltfreundlich verhalten kann.

6 Literatur-Empfehlungen in den Katalogen ermöglichen, sich vor der Reise anhand von Büchern mit Land und Leuten bekannt zu machen. **Bücher zum Sanften Tourismus** stimmen auf die rechte Reiselust ein.

7 Die Urlauber reisen umweltfreundlich mit der Bahn oder mit Bussen an. Der **Verzicht auf das Auto** erhöht die Attraktivität einer Region: weniger Lärm, Abgase, Staus, Parkplätze und Unfälle.

8 Wer trotzdem nicht aufs Auto verzichten kann, gibt nach der Ankunft die Schlüssel ab und bekommt für die Dauer des Urlaubs ein Ticket für die öffentlichen **Nahverkehrsmittel.**

9 Die Ferienorte richten einen **Busservice** für ihre Gäste ein.

10 Mietwagenverleiher rüsten auf **Elektroautos** und Solarmobile um. Daß sie geringere Reichweiten als ein Benziner oder Diesel haben, wirkt sich in einem Urlaubsgebiet nicht störend aus.

11 Die Anreise wird bereits als Erlebnis geplant, mit viel **Muße und Station** an interessanten Orten und Landschaften.

12 Als Unterkünfte werden **kleine Pensionen** und privat vermietete Zimmer bevorzugt. Dann müssen nicht eigens für die Gäste Hotels oder große Bungalowparks gebaut werden, mit denen die Landschaft zubetoniert würde.

13 Die Unterbringung in Privatzimmern, die Einheimische vermieten, erspart das **Touristen-Ghetto:** Dort trifft man ohnehin nur wieder Deutsche.

14 Die Architektur der Unterkünfte entspricht dem Stand der **Baubiologie,** ist energiesparend und paßt sich dem Ortsbild an.

15 Die Gästeunterkünfte heben sich im **Komfort** nicht kraß von den Wohnungen der Einheimischen ab. Gegenbeispiel wäre ein Luxushotel in einem Elendsviertel.

16 Die **Einheimischen** verdienen – als Vermieter, Ladenbesitzer, Freizeitanbieter oder Gästeführer – am Tourismus, nicht aber auswärtige oder gar ausländische Investoren.

17 Der Urlaubsort macht sich zum Vorreiter im Umweltschutz, indem er Naturschutzgebiete ausweist, vorbildliche **Müllkonzepte** verwirklicht, Landschaftspläne umsetzt, Kläranlagen baut.

18 In den Kommunen, auf die sich der Fremdenverkehr konzentriert, sitzen Umweltschützer, Hoteliers, Politiker und Reiseveranstalter an »Run-

den Tischen« zusammen, um **Gesamtkonzepte** für die Entwicklung der Gemeinde zu beraten.

19 Biolandwirte beliefern Hotels und Vermieter mit **gesunden Nahrungsmitteln.**

20 Speisen und Getränke kommen aus der **Region.** Urlauber in Bayern essen nicht Quark aus Schleswig-Holstein oder Käse aus Holland.

21 Nach dem Frühstück bleiben keine Abfallberge aus Plastik, Aluminium und Zellophan zurück, weil die Büffets »**müllfrei**« angeboten werden.

22 Landestypische Gerichte stehen auf dem Speiseplan, denn die **Küche** ist Teil der Kultur einer Region.

23 Die Urlauber wählen **umweltverträgliche Sportarten** aus wie Wandern, Schwimmen oder Radeln.

24 Das **Freizeitangebot,** das den Einheimischen zur Verfügung steht, wird genutzt, etwa die vorhandenen Museen, Sportplätze, Jugendzentren.

25 Um künstlich geschaffene Ferienwelten, zum Beispiel »Center parcs«, machen die Urlauber einen Bogen. Ihnen geht es um Erlebnisse in gewachsenen Kulturlandschaften oder in der **Natur.**

26 **Fotografieren** kann eine Brücke zwischen dem Amateur und dem Motiv sein – wenn der Fotograf um Erlaubnis fragt, landesübliche Verbote berücksichtigt und nach der Reise die versprochenen Abzüge schickt.

27 Mitmachen bei der Landschaftspflege: Lust an Bewegung und frischer Luft verbinden sich mit dem **Nutzen** für den Naturschutz.

28 Die Urlauber nehmen sich viel **Zeit** und gönnen sich Muße für Gespräche und Beobachtungen,

statt im Streß vermeintliche Sehenswürdigkeiten abzuklappern.

29 Mit dem Kauf von Souvenirs unterstützen die Touristen das örtliche **Kunsthandwerk**. Sie erwerben keine seltenen Antiquitäten, was auf die Dauer zum kulturellen Ausverkauf der Urlaubsländer führen würde. Sie lehnen Mitbringsel aus Schildpatt, Korallen oder Elfenbein ab.

30 Die Touristen bringen ihren Gastgebern kleine Geschenke mit, damit sie nicht dauernd die Nehmenden sind. Ein Rezept von zu Hause, Fotos von der Familie oder ein Buch in der Hand erleichtern es, **Kontakte** zu knüpfen.

31 Sprachkurse und die **Vorbereitung** mit guten Reiseführern, die auch über den Alltag im Gastland berichten, steigern nicht nur die Vorfreude, sondern erleichtern es dem Gast, sich schnell einzugewöhnen.

32 Die Touristen vermeiden »Fettnäpfchen«, indem sie sich mit Kleidung (etwa in islamischen Ländern) und Verhalten (wenn es um religiöse Verbote geht) auf die **Sitten** und Gebräuche des Gastlandes einstellen.

33 Besser als Geld und Süßigkeiten für bettelnde Kinder ist in Entwicklungsländern ein sinnvolles **Geschenk** an eine örtliche Schule.

34 Die Vermeidung von protzigem Luxus, etwa in der Kleidung, bei Kameras oder mit Schmuck, erspart in ärmeren Ländern den **Neid** derer, die sich solche Dinge nicht leisten können.

35 **Fernreisen** sind im Sanften Tourismus die Ausnahme, weil sich dabei umweltschädigende Flüge nicht vermeiden lassen und Distanz zu den Einheimischen – wegen des unterschiedlichen Lebensstandards, der Sprachschwierigkeiten und der fremden Kultur – zu groß ist.

36 Der **Urlaub zu Hause** bietet ganz neue Möglichkeiten, zum Beispiel die eigene Stadt zu entdecken oder Freunde aus den Ferien des letzten Jahres zu einem Gegenbesuch einzuladen.

Diese auf der Basis verschiedener theoretischer Konzepte zusammengestellten Ziele geben die Idealvorstellung eines Sanften Tourismus wieder. Umsetzungen dieser Ziele lassen sich bereits vereinzelt auf unterschiedlichsten Ebenen beobachten. Sie reichen von nationalen und regionalen Konzepten und Programmen (z. B. das Schweizer Tourismus-Konzept von 1979, das als erstes nationales Tourismusprogramm neben der ökonomischen Seite auch Aspekte der Umwelt- und der Sozialverträglichkeit berücksichtigt) bis hin zu Bemühungen von Tourismusregionen (z. B. im Kleinen Walsertal) und von Ferienorten bzw. vom Städtetourismus geprägten Kommunen wie Potsdam, die ihre Attraktivität durch Angebote im Bereich des »Sanften Tourismus« erweitern wollen. Hier sei nur beispielhaft das »naturlau«-Programm der Gemeinde Wyk auf Föhr genannt, das Pauschalurlaub mit Naturbeobachtung anbietet.

4. Freizeitgeräte
Analysen – Bewertungen – Tips

Die verstärkte Nachfrage nach individuell ausgerichteten sportlichen Freizeitbeschäftigungen zieht zwangsläufig auch eine Erweiterung und Differenzierung des Produktangebotes im Freizeitsektor nach sich. Das Angebot für einzelne Aktivitäten beschränkt sich nicht nur mehr auf einzelne Produkte, sondern umfaßt vielfach ein ganzes Angebotsbündel. Neben dem eigentlichen Sportgerät, ohne das die jeweilige Freizeitaktivität nicht durchführbar ist, kommen ständig spezielle Ausrüstungsgegenstände dazu, die der Freizeitaktivität mehr individuellen Charakter oder mehr Komfort geben sollen. Am deutlichsten wird dies u. a. im Bereich der Freizeittextilien (»Sportswear«).

Neben den Belastungen der Umwelt, die durch die Ausübung der Freizeitaktivitäten entstehen, verursachen auch die Freizeitprodukte durch Herstellung, Nutzung und Entsorgung Umweltbelastungen. Allein durch die große Anzahl der Produkte, die bei Freizeitaktivitäten inzwischen verwendet werden, intensiviert sich vor allem das Problem der Entsorgung.

Die Fülle der verwendeten Materialien bei der Herstellung von Freizeitprodukten schließen Umweltbelastungen nicht aus. Besondere Beachtung sollte den Werkstoffen geschenkt werden, da diese erhebliche Belastungen verursachen können. Dies betrifft sowohl die Produktion und die Verarbeitung von Kunststoffmaterialen als auch die Entsorgung.

Es kann davon ausgegangen werden, daß der Freizeitartikelmarkt weiterhin stark wachsen wird. Bereits heute wird das jährliche Umsatzvolumen des Freizeitsportmarktes von Fachleuten auf acht Milliarden DM geschätzt. Dabei wird sich der Trend zu immer qualitativ hochwertigeren Produkten fortsetzen. Insbesondere die Entwicklung neuer Produkte vollzieht sich in einem wechselseitigen Prozeß, der einerseits durch gezieltes Marketing der Produzenten gefördert wird, andererseits durch immer neue Ansprüche der Freizeitsporttreibenden »hochgeschaukelt« wird. Gleichzeitig dürfte sich der Trend fortsetzen, daß mehr modebetonte Freizeitsportartikel auf den Markt kommen.

Auch bei den Freizeitaktivitäten gibt es einen eindeutigen Trend zur Individualisierung. Diese beschränkt sich allerdings nicht nur auf die Aktivität selbst, sondern besteht auch aus einem größeren Angebot von individuellen Freizeitartikeln. So fährt z. B. der im Trend stehende »Freizeitsetter« mit dem Jeep oder Cruiser in die Disko, und der Caravan- und Reisemobil-Fan auf das Land.

Typisch ist für beide Gruppen, daß sie die Freizeit »mobil erleben« wollen: Sie packen das Surfbrett und das Mountainbike auf den Dachgepäckträger und erfahren die Stadt oder das Umland. Auch im herkömmlichen »Urlaubsgepäck« finden sich bereits häufig Surfbrett, Tennisschläger und Golfset sowie Artikel zur Freizeitnutzung wie Luftmatratzen, Schlauchboote, Campingstühle, Kühltaschen etc. Auch diese Freizeitgeräte zielen auf die zunehmende Individualisierung in der »Freizeitgesellschaft« ab. Modebetonte Angebote unterstützen die Ausdifferenzierung freizeitorientierter Lebensstile.

Besonders grell und bunt gestaltete Freizeitprodukte untermauern den Ausdruck von Individualität.

Prognostiziert werden erhebliche Zuwachsraten bei sportlichen Freizeitaktivitäten wie Tennis, Windsurfen oder Mountainbiking. Gefördert wird dieser Trend durch Produktangebote, die den Zugang zu sportlichen Aktivitäten erleichtern sollen. So wird beispielsweise bei der sporttechnisch schwierigen Disziplin Tennis versucht, das Spielen durch eine Vergrößerung der Spielfläche des Schlägers zu erleichtern. Auch die Hersteller von Surfbrettern produzieren neben den sogenannten Allroundbrettern zunehmend spezielle Modelle, die es ermöglichen, bei fast jeder Wetterlage (z. B. bei unterschiedlicher Windstärke) zu surfen. Daher hat ein Surfer oft mindestens zwei Bretter zur Verfügung, um auf die entsprechende Wetterlage reagieren zu können.

4.1 Analyse und Bewertung ausgewählter Freizeitprodukte und -geräte

4.1.1 Surfen und Baden

Zur Grundausstattung gehört das Segelsurfbrett mit Schwert (Klapp- oder Steckschwert), das Segel und der Mast mit beweglichem Rigg. Segelsurfbretter bestehen fast ausschließlich aus Kunststoffmaterialien. Surfbretter in Verbundbauweise, in denen verschiedene Kunststoffmaterialien verarbeitet sind, gewinnen wegen ihres geringeren Gewichts immer mehr an Bedeutung. Das Brett hat einen aufgeschäumten Kern (Polystyrol, Polyethylen) mit darüberliegenden Deckschichten aus Kunststoffen. Zusätzlich werden Kohle- oder Glasfasermatten zur Verstärkung in die Deckschichten eingearbeitet. Die Segel sind aus Kunststoffsegeltuch gewebt, in denen Lattentaschen eingearbeitet sind. Die Größe beträgt bei einem Normalsegel 5,2–6 m² Fläche, bei sogenannten Allroundsegel ca. 4,4 m². Die Masten der Segelsurfbretter werden aus Aluminium oder glasfaserverstärktem Kunststoff gefertigt, während der Gabelbaum ausschließlich aus Aluminium besteht und zusätzlich mit Leder, Textilband, Neopren oder Gummi umwickelt ist. Zusätzliche Ausrüstungsgegenstände sind Surfanzüge, Schuhe und Handschuhe. Dieses Zubehör besteht aus Neopren. Neopren ist ein Sammelbegriff für ein synthetisches Gewebe, das wärmedämmend und kaum wasserdurchlässig ist (z. B. aufgeschäumtes Polyurethan).

Ein spezifisches »Produkt« zum Baden wird nicht benötigt. Allerdings gibt es eine Reihe von Produkten, die direkt oder indirekt mit der Freizeitaktivität in Zusammenhang gebracht werden können, wie Badehandtücher, Sonnenschirme oder Sonnenöl. Ein typisches Beispiel sind Luftmatratzen. Diese bestehen aus unterschiedlichen thermoplastischen Kunststoffen wie Polyethen, Polyvinylchlorid, Polypropen. Luftmatratzen werden üblicherweise im sogenannten Kalandrierverfahren hergestellt. Dabei wird das Grundmaterial (als Granulat oder Pulver) erwärmt und unter Druck zu einer Folie gewalzt. Anschließend werden Ober- und Unterteil miteinander verklebt.

Bewertung der Umwelterheblichkeit am Beispiel Surfbrett

Für die Herstellung von Surfbrettern werden thermoplastische Kunststoffe wie Polyethylen verarbeitet. Polyethylen ist einer der wichtigsten thermoplastischen Kunststoffe und gilt als toxikologisch unbedenklich. Bei der Produktion von Surfbrettern treten keine oder nur sehr geringe Belastungen in der Luft und im Wasser auf. Bedenklich sind dagegen die in ihnen enthaltenen Weichmacher. Während Surfbretter aus Polyethylen in einem Stück hergestellt werden, werden bei der Verbundbauweise unterschiedlichste Kunststoffmaterialien schichtweise aufgetragen und miteinander verklebt. Das Kernstück des Surfbretts bildet ein mit Wasserdampf aufgeschäumter Polystyrolkern, auf dem Glasfasermatten oder Kohlefasern aufgelegt und mit Epoxidharz verklebt werden. Anschließend wird das Brett im Tiefziehverfahren in seine endgültige Form gebracht. Als Deckschicht und Schutz wird meist noch eine Haut aus Polycarbonat darübergezogen. Mögliche gesundheitliche Gefahren bei der Produktion von Surfbrettern in Verbundbauweise können durch Stäube bei der Verarbeitung von Glasfasern und durch austretende Dämpfe beim Verkleben mit Epoxidharzen entstehen.

Für die Herstellung eines Surfbretts werden erhebliche Mengen an Energie verbraucht. Nach Angaben eines Surfbrettherstellers sind für die Produktion eines Bretts ca. 50 kW/h Strom notwendig. Bei einer jährlichen Produktion von 35 000 Brettern entspricht dies einem Stromverbrauch von ca. 1,8 Mio. kW/h.

Die bei Surfbrettern verarbeiteten Kunststoffmaterialien können als relativ unbedenklich eingestuft werden. Polyethylen ist wasserundurchlässig und ungiftig. Bei der Nutzung besteht keine Gefahr eventueller Ausgasung von Zusatzstoffen.

Mögliche Umweltbelastungen entstehen durch die Entsorgung der Surfbretter. Vor allem durch die große Anzahl der Surfbretter entsteht ein erhebliches Entsorgungsvolumen. Die Surfbretter werden üblicherweise als Hausmüll entsorgt. Bei der Verbrennung der Kunststoffmaterialien werden z. T. gefährliche Dämpfe (Dioxine und Fluorchlorkohlenwasserstoff) freigesetzt, die in die Atmosphäre entweichen. Bei der Ablagerung auf Deponien besteht die Gefahr der Grundwasserverunreinigung durch Zersetzung und Auslösung von Schwermetallen.

Empfehlungen für die Nutzer

- Bei der Anschaffung eines Surfbretts muß die Umweltverträglichkeit der verarbeiteten Materialien ein wesentlicher Aspekt sein.
- Auf den Gebrauch von zusätzlichen Ausrüstungsgegenständen (z. B. Surfanzüge) ist weitestgehend zu verzichten.
- Ein nicht mehr genutztes Surfbrett kann (sollte) in Sportartikelgeschäften oder in »Secondhand-Läden« abgegeben werden, um eine Weiterverwendung zu ermöglichen. Eine Wiederverwendung des Surfbretts ist über den Ankauf bei sogenannten Freizeitbörsen möglich und sollte wahrgenommen werden.
- Bei nur gelegentlicher Ausübung sollte auf eine Anschaffung verzichtet und nach Möglichkeit das Surfbrett von Freunden, Sportvereinen oder Leihstationen benutzt werden.

Bewertung der Umweltverträglichkeit am Beispiel Luftmatratzen

Durch die große Anzahl der verwendeten Chemikalien entstehen erhebliche Umweltbelastungen bei der Herstellung von Luftmatratzen. In einer Untersuchung des TÜV Norddeutschland fanden sich bei Luftmatratzen über 50 gesundheitsschädliche Stoffe in unterschiedlichen Konzentrationen. Unter anderem wurden krebserregende Substanzen wie Benzol, Cyclohexan, Toluol und Xylol nachgewiesen.

Hinzu kommt, daß Luftmatratzen häufig in sogenannten »Billigproduktionsländern« – vornehmlich in Fernost – hergestellt werden, wo z. T. gefährliche Inhaltsstoffe nicht deklariert werden müssen. Der größte Teil der eingesetzten Zusatzstoffe müßte in Deutschland als Sondermüll behandelt werden.

Bei der Nutzung der Luftmatratzen besteht ein hohes gesundheitliches Risiko, da insbesondere unter Sonneneinstrahlung verstärkt aromatisierte und chlorierte Kohlenwasserstoffe ausgasen können. Einige Stoffe können auch über die Haut aufgenommen werden, so daß ein Gesundheitsrisiko für den Badenden durch die Benutzung von Luftmatratzen nach Meinung von Toxikologen nicht ausgeschlossen ist. Auch durch das Aufblasen der Luftmatratzen mit dem Mund werden giftige Stoffe eingeatmet.

Die Entsorgung von Luftmatratzen geschieht gewöhnlich über den Hausmüll. Bei der Müllverbrennung werden die Inhaltsstoffe z. T. umgesetzt und verursachen so mögliche Schadstoffemissionen. Durch die Vielzahl der gefährlichen Inhaltsstoffe ist eine Entsorgung als Sondermüll geboten.

Empfehlungen für die Nutzer und die Hersteller von Luftmatratzen

- Beim Erwerb von Luftmatratzen sollte sich der Käufer die Unbedenklichkeit aller verwendeten Materialien nachweisen lassen (Klärung des Herkunftslandes). Besteht Unklarheit über die verwendeten Materialien, sollte aus gesundheitlichen Gründen auf den Kauf verzichtet werden.

- Für bereits erworbene Luftmatratzen, bei denen sich die Materialien nicht mehr ermitteln lassen, sollte ein Aufblasen mit dem Mund unterlassen werden.

- Wegen der Gefahr der Ausgasung sollten Luftmatratzen nur in gut durchlüfteten Räumen aufbewahrt werden.

- Bei der Benutzung von Luftmatratzen unter Sonneneinstrahlung sind diese nur mit einem darübergelegten Handtuch zu nutzen.

4.1.2 Alpiner Skisport und Skilanglauf

Die Grundausstattung für Ski Alpin wie auch für Skilanglauf besteht aus einem Ski mit Bindung, Skischuh und Skistöcke. Der Alpinski und der Langlaufski unterscheiden sich durch ihre Bauform. Die Konstruktion und die verwendeten Materialien sind jedoch im wesentlichen identisch. Die heutigen Skimodelle bestehen aus einem Verbund verschiedener Materialien. Die wichtigsten sind je nach Bauweise Metall- sowie Metall/Holz-Verbundski, Fiberglas/Holz-Verbundski und als Kombination Fiberglas-/Holz-/Metallski (Compound-Ski).

Bei Skistöcken werden die Werkstoffe Aluminium, Fiberglas oder Fiberglas/Kohlefaser eingesetzt. Schuhe für den alpinen Skilauf werden heutzutage ausschließlich aus verschiedenen thermoplastischen Kunststoffen wie Polyurethan oder Polyurethan-Schäumen hergestellt. Zur Polsterung des Innenschuhs wird Leder, Naturpelz, Frottee, Loden, Filz, Samt oder Nylon eingesetzt. Schuhe für den Skilanglauf bestehen meist aus imprägniertem oder beschichtetem Leder, aus Syntheticmaterialien (polyamidbeschichtetes Textilgewebe) oder aus Kautschuk.

Als direktes Zubehör zum Skisport zählen Skiwachs, Bekleidung und Skibrillen. Skiwachs wird als Trocken-, Tuben-, Aerosol- oder Heißwachs angeboten. Skibrillen bestehen aus Weich-PVC und duroplastischen Kunststoffen für das Scheibenmaterial.

Bewertung der Umwelterheblichkeit am Beispiel Alpinski

Die Herstellung des Skis orientiert sich an den jeweiligen sportfunktionellen Anforderungen. Um bestimmte Eigenschaften wie Formstabilität, Drehfreudigkeit und Festigkeit zu erreichen, werden bis zu 20 unterschiedliche Werkstoffe kombiniert. Alpinskis werden in Sandwich-, Injektions- oder Kastenbauweise hergestellt. Die Sandwichbauweise ist eine Verbundkonstruktion, bei der der Skikern aus Holz oder Polyurethan-Schaum beidseitig mit glasfaserverstärktem Kunststoff, Aluminium, Holz oder Carbon miteinander verklebt (animiert) wird. Bei der Injektionsbauweise wird das Kernmaterial aus Polyurethan unter Wärme ausgeschäumt. Das Obermaterial besteht ebenfalls aus Kunststoffaserwerkstoffen. Die Kastenbauweise ist eine Verbundkonstruktion, bei der der Skikern teilweise Hohlräume enthält und die tragenden Elemente aus Glas- oder Kohlenstoffasern bestehen. Bei allen Konstruktionsarten sind an den Rändern Stahlkanten eingearbeitet. Für die Seitenflächen wird ABS-Kunststoff, Hartgummi oder Kunststoffasermaterial verarbeitet. Die Lauffläche besteht aus Polyethylen verschiedener Güteklassen, während die Oberfläche aus ABS-Kunststoff, Polyethylen oder Phenolharzlaminaten besteht. Zusätzlich kann an der Skioberkante eine Aluminium- oder Stahlschutzkante eingearbeitet sein.

Durch die Vielzahl der verwendeten Kunststoffe bei der Skiherstellung ist eine genaue Abschätzung des Belastungspotentials derzeit nicht möglich. Da die

Umwelterheblichkeit der verwendeten Kunststoffe sehr unterschiedlich ist, sollte jeder Werkstoff auf die enthaltenen Inhaltsstoffe und -mengen überprüft werden.

Die Produktion von Kunststoffprodukten ist mit einem erheblichen Energieaufwand verbunden. Bei der Verarbeitung von Kunststoffen werden häufig gesundheitsschädigende Gase und Dämpfe freigesetzt. Ausgangsprodukt hierfür ist Phenol. Das Einatmen von Phenoldämpfen kann zu Schleimhautentzündungen, bei Hautkontakt zu Verätzungen führen. Bei chronischen Vergiftungen kann es zu Leber- und Nierenschädigungen und zu Blutveränderungen kommen.

Bei der Entsorgung entstehen Umweltbelastungen vor allem durch Emissionen bei der Müllverbrennung. Besondere Belastungen treten dabei durch Freisetzen von chlorierten Kohlenwasserstoffen auf. Durch die unterschiedlichen Kunststoffe, die in einem Freizeitprodukt wie Skiern enthalten sind, ist ein Recycling kaum oder nur sehr eingeschränkt möglich.

Empfehlungen für die Nutzer

- Beim Kauf von Skiern sollte auf dauerhafte Materialien geachtet werden, um eine längere Nutzungsdauer zu ermöglichen.

- Der Käufer/Nutzer sollte sich beim Kauf eines neuen Skis über die Werkstoffe ausführlich informieren und ein möglichst umweltfreundliches Produkt erwerben.

- Auf bestimmte Zubehörteile, insbesondere modische Accessoirs, sollte verzichtet werden, da sie häufig für die Ausübung der Freizeitaktivität nicht benötigt werden und als »Modeprodukt« ohnehin von kurzer Gebrauchsdauer sind (Problem der Entsorgung).

- Vielerorts besteht die Möglichkeit, über Freizeit- oder Skibörsen Skier zu erwerben bzw. zu verkaufen (Beitrag zur Wiederverwendung und Verminderung der Entsorgungsproblematik).

- Bei nur geringer oder gelegentlicher Ausübung von Ski Alpin oder Langlauf sollten diese Freizeitgeräte von Freunden, Bekannten oder am Skiort ausgeliehen werden.

4.1.3 Mountainbiking

Das Mountainbike ist eine Abwandlung der herkömmlichen Fahrradkonstruktion. Um den Anforderungen der »Geländetauglichkeit« zu entsprechen, haben diese Räder spezifische Ausstattungselemente. Der Fahrradrahmen ist kleiner und stabiler konstruiert, die Bremsen haben ein anderes Funktionsprinzip (sogenannte Cantilever-Bremsen), die Reifen sind breiter und haben meist ein grobstolliges Profil. Die Schaltung ist so ausgelegt, daß extreme Übersetzungsverhältnisse erreicht werden.

Bei einem Mountainbike werden im wesentlichen die Werkstoffe Metall, Aluminium und Kunststoff verarbeitet. Während der Rahmen aus Chrom-Molybdän-Stahlrohren besteht, wird für die übrigen Ausstattungselemente vorwiegend Aluminiummaterial verwendet. Anbauteile wie Schutzbleche, Sattel, Kettenschutz, Lenkergriffe und Seilzüge bestehen aus Kunststoffen wie Polyamid, Polyethylen oder Polyvinychlorid.

Bewertung der Umwelterheblichkeit eines Mountainbike

Bei der Produktion können erhebliche Umweltprobleme entstehen. Insbesondere der hohe Anteil an Aluminium ist für die Bewertung der Umwelterheblichkeit von Bedeutung, da die Herstellung und Verarbeitung von Aluminium durch einen sehr hohen Primärenergieverbrauch und durch Emissionen gekennzeichnet ist.

Der Rohstoff für die Aluminiumherstellung ist Bauxit. Bei der Umwandlung von Bauxit in das Vorprodukt Aluminiumoxid fallen erhebliche Abfallmengen an. Aus mehr als 4 t Bauxit werden 2 t Aluminiumoxid, ca. 10 kg Saub und 6,5 kg Schwefeldioxid emittiert; auch fallen zusätzlich mehrere Tonnen Rohschlamm an. Die Umwandlung des Aluminiumoxids in Hüttenaluminium ist nur unter Zufuhr großer Mengen elektrischer Energie möglich; dabei fallen erneut Abfallstoffe an.

Der Gewichtsanteil der erwähnten Ausstattungsteile an einem Mountainbike beträgt ca. 4–5 kg. Bei einem Gesamtgewicht von ca. 10 kg ist dies ein Anteil von 40–50 %. Berücksichtigt man die Anzahl der Aluminiumteile, so sind indirekt erhebliche Umweltbelastungen verbunden. Diese Umweltgefährdung wird zusätzlich durch die Forderung nach einem möglichst geringeren Gewicht der Bauteile »unterstützt«. Ausstattungselemente, die überwiegend aus Aluminium bestehen, sind z. B. Tretkurbelgarnitur, Ritzel, Radnaben, Schaltgriffe, Umwerfer, Schaltungen, Lenker, Bremsen, Bremshebel, Lenkervorbauten, Sattelstützen, Felgen, Gepäckträger und Stützen.

Weitere potentielle Umweltbelastungen durch Herstellungsverfahren entstehen vor allem bei der Verarbeitung von Chromteilen (in der Galvanikindustrie werden z.T. hochgiftige Säuren verwendet; insbesondere die Tauchbäder verursachen erhebliche Abwasserbelastungen) und Lackierungen (Verwendung von Lacken mit hoher Lösungsmittelkonzentration).

Empfehlungen für die Nutzer und die Hersteller von Mountainbikes

- Der Anteil an Ausstattungselementen aus Aluminium am Mountainbike ist soweit wie möglich zu reduzieren.

- Als Ersatz sollten auch aus Gründen höherer Stabilität und Langlebigkeit des Fahrrads Ausrüstungsgegenstände aus Stahl verwendet werden.

- Aluminiumteile sollten möglichst wiederverwendet werden, denn die Emissionen von wiederverwertetem Aluminium sind wesentlich geringer und der Energieaufwand vermindert sich um 99%.

- Auf verchromte Teile und aufwendige Lackierungen sollte weitestgehend verzichtet werden.

- Teile aus Kunststoffmaterialien (Lenkergriffe, Schutzbleche) sollten nicht aus umweltbelastenden Kunststoffen bestehen.

4.1.4 Wandern, Spazierengehen, Picknicken, Lagern

In diesem Abschnitt wird sich auf das Problem Freizeitbekleidung beschränkt. Freizeitbekleidung wird heute fast ausschließlich aus synthetischen Materialien hergestellt. Die Hersteller haben in den letzten Jahren neue Synthetikfasern entwickelt bzw. eingesetzt, die z.T. die sportfunktionellen Anforderungen »verbessert« haben. Die verarbeiteten Materialien zeichnen sich dadurch aus, daß sie weitgehend wasser- und winddicht, gleichzeitig aber atmungsaktiv sind.

In den 70er Jahren wurden erstmals Membranfasern eingesetzt, die ähnlich wie die Haut in der Lage sind, kein Wasser eindringen zu lassen, aber die Fähigkeiten besitzen, die vom Körper produzierte Feuchtigkeit ungehindert nach außen zu transportieren. Membranfasern sind hauchdünne Folien mit mikroskopisch kleinen Poren (auf ein cm² entfallen 100 Millionen – 1,4 Milliarden Poren). So wird ermöglicht, Wasserdampfmoleküle (Schweiß) nach außen dringen, Wassertropfen dagegen nicht durchdringen zu lassen. Wind- und wasserdichte Kleidung bestehen auch aus Materialien wie Leder, Pelze und Beschichtungen auf Baumwoll-Popeline (z. B. die sogenannten »Ostfriesen-Nerze«). Das bekannteste dieser synthetischen Materialien ist GORE-TEX. Der derzeitige Anteil dieser Kleidungsstücke wird auf über 1 Mio. geschätzt. Daneben gibt es noch weitere Materialien, die den gleichen Ansprüchen entsprechen. Sie heißen Sympatex, Versatech, Helaspor, Entrant, Thinsulate. Sie gehören zur Gruppe der Laminate. Bei der Verarbeitung werden die Membrane auf Trägermaterialien aufgebracht oder lose zwischen Futter und Oberstoff gehängt. Bei zweilagigen Laminaten liegt die »empfindliche Folie« innen offen und wird meist durch ein frei vernähtes Futter geschützt.

Eine weitere Verarbeitungsmöglichkeit sind mikroporöse Beschichtungen, bei denen das Material an der Innenseite des Trägertextils angebracht wird. Das Wirkungsprinzip ist mit den Laminaten vergleichbar. Eine andere Gruppe mit den gleichen Eigenschaften bilden die neuen Mikrofasergewebe. Hier handelt es sich um Gewebe, bei denen das Garn aus einer Vielzahl feinster Fäden (Filamente) besteht und sehr eng verwebt wird. Es wird die gleiche Eigenschaft wie bei den Laminaten und beschichteten Textilfasern erreicht, allerdings ohne eine zusätzliche Beschichtung oder Imprägnierung.

Umwelterheblichkeit am Beispiel atmungsaktiver Freizeitbekleidung

Die Herstellung und Verarbeitung von synthetischen Materialien ist problematisch, da zahlreiche giftige Nebenprodukte entstehen können. Eines der Ausgangsmaterialien für die Herstellung von GORE-TEX-Kleidung ist u. a. Polytetrafluorethylen. Bekannt ist dieser Stoff als Teflon. Er gehört zur Gruppe der fluorierten (oder halogenierten) Kohlenwasserstoffe; das Einatmen der Dämpfe kann zu Lungenödemen führen.

Bei Textilien mit mikroporösen Beschichtungen (Helaspor, Entrant, Texapore) wird auf das Gewebe ein Beschichtungsfilm aufgebracht. Diese Folien sind vorwiegend aus Polyurethan. Deren Herstellung ist ebenfalls problematisch, da die Ausgangsstoffe Isocyanate sind. Sie sind stark giftig und zählen zu den stärksten allergieauslösenden Stoffen, die künstlich hergestellt werden.

Bei der Produktion der Mikrofasergewebe werden Polyesterfasern sehr eng miteinander verwoben. Auf eine zusätzliche Beschichtung der Gewebe wird verzichtet. Die Herstellung von Polyesterfasern ist relativ unbedenklich.

Mögliche umwelt- oder gesundheitliche Schäden beim Tragen der Kleidung sind nicht bekannt. Grundsätzlich besteht aber die Gefahr, daß bei Menschen mit empfindlicher Haut Allergien ausgelöst werden können.

Die Herstellung und Entsorgung der sogenannten »atmungsaktiven Textilien« stellt eine Belastung für die Umwelt dar. Bei der Verarbeitung der Produkte können zahlreiche giftige Nebenprodukte entstehen, darunter auch krebsverdächtige Substanzen, die mit der Luft ins Freie gelangen. Eine erhebliche Gefahr besteht bei Bränden. Zu den Verbrennungsprodukten gehört u. a. Perfluorbuten. Dies ist beim Einatmen giftiger als das Sevesogift. Zusätzlich entsteht hochaggressive Flußsäure. Nach zuverlässigen Berechnungen werden bei der Verbrennung von einem GORE-TEX-Anorak 20000 Kubikmeter Luft bis zum zulässigen Höchstwert verseucht. Nicht geklärt ist, ob die in den Synthetikfasern enthaltenen Zusatzstoffe wie Pigmente und Weichmacher bei der Herstellung vollständig ausgasen oder im Endprodukt lagern und eventuell auf die Haut wirken. Ungeklärt ist auch, wie diese Textilien sinnvoll entsorgt werden können. Grundsätzlich ist die entsorgte Kleidung aus GORE-TEX als Sondermüll einzustufen.

Empfehlungen für die Nutzer

- Beim Kauf von Freizeitbekleidung sind Textilien aus natürlichem Material oder aber Textilien aus Mikrofasergewebe zu bevorzugen. Wichtige Hinweise auf die verarbeiteten Materialien geben die Textilkennzeichnungs- oder Waschanleitungsetiketten.
- Grundsätzlich sind Bekleidungsstücke, die chemisch gereinigt werden müssen, bedenklich, da die in chemischen Reinigungen eingesetzten Lösungsmittel z. T. äußerst giftig sind.

4.1.5 Tennis

Je nach gewünschter Spieleigenschaft besteht ein Tennisschläger aus einer Kombination unterschiedlicher Materialien. Neben Holz- und Aluminiumschlägern gibt es Tennisschläger aus Kunststoff mit verschiedenen Anteilen Graphit, Carbon, Beta-Silicium-Carbid, Graphit-Fiberglas, Graphit-Kevlar und Glasfaser. Der Schlägergriff ist häufig mit Leder oder Textilband umwickelt. Für die Bespannung des Tennisschlägers werden Natur- oder Kunststoffsaiten verwendet.

Tennisbälle bestehen aus zwei zusammengeklebten Gummihalbkugeln und sind mit einem filzartigen Baumwoll-Kunststoff-Gemisch bezogen. Es gibt sogenannte drucklose Bälle und Innendruckbälle. Bei Innendruckbällen werden je nach Fabrikat die Gummihalbkugeln in aufgeheizten Druckluftkammern zusammengeschweißt und erhalten den Innendruck durch Zusatz von Chemikalien, die nach dem Zusammenkleben der Gummihalbkugeln verdampfen. Die drucklosen Bälle weisen eine dickere Gummistruktur auf und gleichen dadurch das Fehlen des Gasdrucks aus.

Die Ausübung der Freizeitaktivität Tennis ist an einen Tennisplatz gebunden. Tennisplätze bestehen überwiegend aus Kunststoffbelägen und Tennenflächen. Der Tennenbaustoff ist ein mineralisches Korngemisch ohne zusätzliche künstliche Bindemittel. Als Baustoffe werden Gemische aus Natursandstein, Lava und/oder Haldenmaterialien bzw. Schlacke aus der Steinkohlegewinnung oder Metallverhüttung verwendet.

Umwelterheblichkeit an den Beispielen Tennisschläger und Tennenbeläge

Die Fertigung von Tennisschlägern geschieht fast ausschließlich mit Hilfe von Verbundwerkstoffen. Es handelt sich dabei um eine Verbindung mit Polyesterharzen und Glas- oder Kohlefasern. Durch die Tränkung der Fasern mit Kunstharzen wird ein leichter, extrem fester Kunststoffverbund möglich. Die industrielle Produktion von Tennisschlägern ist mit einem hohen Energieaufwand verbunden. Es werden vorgefertigte Formteile (sogenannte Prepregs) aus Glas-, Kohle- oder anderen Kunstfaserstoffen automatisch durch Polyester- oder Epoxidharzbäder gezogen und in Trockenöfen vorgeheizt. Anschließend werden sie unter Druck in ihre endgültige Form gepreßt.

Bei der Verarbeitung von Materialien mit Kunstharzen können gesundheitliche Gefahren durch austretende Dämpfe entstehen. Der Gefährdungsgrad ist dabei von der Verarbeitungsweise und den eingesetzten Kunstharzsorten abhängig. Im allgemeinen wird Polyesterharz im ausgetrockneten Zustand als gesundheitlich unbedenklich eingestuft. Wesentliche Umweltbelastungen gehen aber von den Einzelkomponenten aus, wie z. B. das in Polyesterharzen enthaltene organische Peroxid.

Die Umweltbelastungen bei Tennenbelägen sind abhängig von den eingesetzten Baustoffen. Während Tennenbaustoffe aus Ziegelbruch oder Naturstein relativ unbedenklich sind, können Tennenbaustoffe aus Haldenmaterialien und Schlacken stark schwermetallbelastet sein. Vor allem die Grundstoffe aus Hochofenschlacke beinhalten die Schwermetalle Arsen und Blei. Mögliche Auswaschungen der toxischen Bestandteile stellen eine Gefährdung für den Boden und das Grundwasser dar. Zusätzlich können die in diesem Material enthaltenen Salze in Verbindung mit Wasser komplexe chemische Vorgänge auslösen. Untersuchungen zur Auswaschung von Salzen und Schwermetallen auf Tennenbelägen liegen bisher allerdings noch nicht vor. Das Risiko der Auswaschung muß jedoch als hoch eingeschätzt werden.

Mögliche Belastungen ergeben sich durch Freisetzung von Stäuben. Verschiedene Untersuchungen belegen eine Gesundheitsgefährdung der Sportler durch Einatmen schwermetallbelasteter Stäube. Die Schwermetalle werden über die Lunge ins Blut aufgenommen und reichern sich dann im Körper an. In einer Untersuchung wurden bei jeder zwanzigsten Probe Schwermetalle gefunden, die über den festgelegten Grenzwerten lagen.

Um die Bindung des Tennenbelags zu erhalten und die Staubentwicklung zu verringern, werden Tennisplätze regelmäßig bewässert. Nach den Richtlinien des Bundesinstituts für Sportwissenschaften werden Wassergaben von 20 l/m² empfohlen. Bei einer Normgröße von 668 m² entspricht dies einer Wassermenge von 13 360 l/Spielfeld. Neben dem hohen Trinkwasserverbrauch stellt diese Wassermenge auch eine Gefahr für Schadstoffauswaschungen dar.

Die Entsorgung verbrauchter Tennenbeläge geschieht meist auf Hausmülldeponien. Besonders bei Tennenbelägen aus Schlackenmaterialien besteht durch Auswaschung der Schwermetalle Blei und Arsen die Gefahr der Verunreinigung des Bodens und des Grundwassers.

Empfehlungen für die Nutzer und die Hersteller

- Tennisschläger sollten hochwertig verarbeitet sein, um eine möglichst lange Haltbarkeit zu gewährleisten (Beitrag zur Reduzierung der Entsorgungsproblematik).

- Auf die Herstellung von Tennisschlägern, die vorwiegend aus Aluminium bestehen, ist zu verzichten.

- Bei der Freizeitverbringung auf Tennisanlagen mit Tennenbelägen ist vom Betreiber der Anlage der Nachweis über den eingesetzten Baustoff einzuholen.

- Ist die Herkunft des Baustoffs nicht feststellbar, sollte der Platz bis zur Klärung der verwendeten Materialien gemieden werden.

4.1.6 Camping und Wohnmobil

In diesem Abschnitt wird beispielhaft die Umwelterheblichkeit von Chemietoiletten und Campinglampen dargestellt. Chemietoiletten werden zunehmend in Wohnmobilen und Caravans eingesetzt, um unabhängig von festen Standplätzen zu sein. Bei Chemietoiletten wird die Zersetzung der anfallenden Fäkalien mit Hilfe verschiedener Chemikalien erreicht. Zur Vermeidung der Geruchsbelästigung werden Duftstoffe zugesetzt.

Campinglampen werden vorzugsweise mit kleinen Gaskartuschen betrieben. Um eine möglichst hohe Lichtausbeute zu erreichen, werden sogenannte Glühstrümpfe eingesetzt, die als Zusatzstoff Thoriumoxid enthalten. Dieser Stoff ist für das helle, weiße Licht der Campinggaslampen verantwortlich.

Umweltverträglichkeit an den Beispielen Chemietoiletten und Campinggaslampen

Die in Chemieklos eingesetzten Chemikalien und Inhaltsstoffe sind häufig wässrige Lösungen von mikrobiziden Wirkstoffen, die mit Duft- und Farbstoffen versetzt sind. Die Wirkstoffe bestehen meist aus Aldehyden wie Formaldehyd, Glutardialdehyd, kationischen Tensiden oder Natriumoxalaten. Angaben über die Mengen der verwendeten Zusatzstoffe liegen z. Z. nicht vor, da die in den Chemietoiletten eingesetzten Chemikalien keinem Zulassungsverfahren unterliegen.

Besonders problematisch ist die Entsorgung der in den Chemietoiletten verwendeten Inhaltsstoffe. So kommt es nicht selten vor, daß Wohnmobil- und Caravangespannfahrer aus Unkenntnis, Fahrlässigkeit oder wegen nicht vorhandener Abnahmestellen den Inhalt der Toiletten samt chemischer Inhaltsstoffe ungeklärt ins Erdreich ablassen. Dies führt u. a. zu erheblichen Belastungen des Grundwassers und des Bodens, da die chemischen Substanzen nicht oder nur sehr schwer abgebaut werden können. Aber auch die geregelte Entsorgung kann zu Abwasserbelastungen führen, da der biologische Abbau der eingesetzten Desinfektionsmittel vielerorts nicht gewährleistet ist.

Eine Umweltgefährdung bei Campinggaslampen stellen die verwendeten Glühstrümpfe dar. Der Zusatzstoff Thorium ist als natürliches Element radioaktiv. Erhebliche gesundheitliche Gefahren für den Menschen können beim Auswechseln der Glühstrümpfe entstehen. Problematisch ist, daß von den spröden ausgebrannten Glühstrümpfen radioaktiver Staub abfallen kann. Bei leichtfertigem Auswechseln der Glühstrümpfe können bis zu 17 Becquerel Thorium vom Menschen aufgenommen werden. Im Normalfall beträgt die Aufnahme 0,3–0,8 Becquerel Thorium. Die abgebrannten Glühstrümpfe werden meist im normalen Hausmüll entsorgt. Das radioaktive Thorium gelangt ungehindert in die Atmosphäre und trägt zu einer Erhöhung der radioaktiven Belastung der Umwelt bei.

Empfehlungen für die Nutzer und die Hersteller von Chemietoiletten und Campinggaslampen

- Der Inhalt von Chemietoiletten sollte nur an den dafür vorgesehenen Abnahmestellen entsorgt werden.

- Grundsätzlich sollte aber auf den Einsatz und den Betrieb von Chemietoiletten verzichtet werden. Als Alternative bieten sich beispielsweise Trokken- oder Komposttoiletten an.

- Das Auswechseln von Glühstrümpfen in Campinggaslampen sollte mit besonderer Vorsicht geschehen.

- Entsorgung von Glühstrümpfen als Sondermüll.

- Glühstrümpfe sind als radioaktiv zu deklarieren, was z. B. bereits in der Schweiz geschehen ist.

- Der Produkthersteller sollte zukünftig ein Merkblatt beifügen, das Ratschläge für die Handhabung gibt.

4.1.7 Center Parcs

Zur typischen Ausstattung von Center Parcs gehören Badeanlagen, die u. a. aus Wellenbad, Brausebad, Whirlpool, Wärmewand, Wasserrutschen, Planschbecken, Wasserfall, Schwimmer-Bar, Wildwasserbahn, Außenbecken, Kaskadenbahn, Wasser-Grotte, Sauna, Dampfbad, Solarium, Salzwasser- und Schwefelbad, Massage- und Kurabteilungen bestehen können.

Bewertung der Umweltverträglichkeit am Beispiel Tropenbäder

Der Betrieb von Tropenbädern ist mit erheblichem Verbrauch an Rohstoffen und sonstigen Gütern verbunden. Besonders hervorzuheben ist dabei der enorme Wasser- und Energieverbrauch. Die Höhe des Wasser- und Energiebedarfs ist von der Größe, der Ausstattung und der Anzahl der Wasserbecken abhängig. So wird beispielsweise die benötigte Wassermenge für das Erlebnisbad »Aquadrom« in Bochum mit 160 000 m³ pro Jahr angegeben.

Genaue Angaben über den Wasser- und Energieverbrauch bei Tropenbädern liegen bis dato jedoch nicht vor. Als Vergleichsdaten können die Betriebsdaten für öffentliche Schwimmbäder herangezogen werden. Danach liegt der jährliche Energieverbrauch bei freizeitorientierten Bädern bei 5 897 778 kW/h. Die verbrauchte Wassermenge wird mit durchschnittlich 50 911 m³ angegeben. Da Tropenbäder eine höhere Raumtemperatur und zusätzliche Wasserbecken und -einrichtungen haben, ist anzunehmen, daß der Verbrauch noch über den genannten Daten liegen wird.

Gesundheitliche Gefährdungen für den Menschen bestehen durch ungenügend aufbereitetes Wasser (Infektionsgefahr). Dies gilt insbesondere für Wasserbecken, die eine Wassertemperatur von mehr als 27 C° haben, wie Whirlpools, Massagebecken, Thermal- und Mineralschwimmbecken. Bei 16 untersuchten Whirlpools wurde festgestellt, daß in fünf Fällen eine tatsächliche Infektionsgefahr nicht auszuschließen war.

4.1.8 Moto-Cross

Moto-Cross-Maschinen sind spezielle Konstruktionen für das Fahren im Gelände. Sie haben ein spezielles Fahrgestell mit meist grobstolligen Reifen, die eine bessere Haftung im Gelände ermöglichen. Beispielhaft wird für die Freizeitaktivität Moto-Cross der Motorradhelm als Produkt beschrieben und bewertet.

Motorradhelme dienen der Sicherheit und dem Schutz des Fahrers. Das Tragen von Helmen ist in der Bundesrepublik vorgeschrieben. Über Bauart und Ausführung bestehen Normen, die die wesentlichen Eigenschaften festlegen, die ein Helm erfüllen soll. Diese schreiben die sicherheitstechnischen Anforderungen, aber keine bestimmten Werkstoffe vor.

Ein Motorradhelm hat eine ausgepolsterte Innenschale aus expandiertem Polystyrolschaum oder Polyurethanschaum. Die Befestigungsriemen (Kinnriemen) bestehen aus Velourstoffen oder synthetischen Fasern.

Für die Außenschale werden sowohl thermoplastische als auch duroplastische Kunststoffe verarbeitet. Helme aus thermoplastischen Kunststoffen bestehen aus Acrylnitril-Butadien-Styrol, Polycarbonat oder Polyamid. Bei der Herstellung wird das Kunststoffmaterial bei hoher Temperatur unter Druck gepreßt und erhält so die endgültige Helmform. Helme mit Außenschalen aus duroplastischen Kunststoffen bestehen aus mehreren Lagen Kunststoffasern, die mit Kunstharzen verklebt werden. Als Fasermaterialien verwendet man Aramid, glasfaserverstärkten Kunststoff oder Kohlefasern. Die Herstellung der Helme aus diesen Materialien wird noch überwiegend in Handarbeit vorgenommen. Dabei werden wechselweise Kunstharz und Faserlagen aufgetragen.

Bewertung der Umwelterheblichkeit am Beispiel Motorradhelm

Wesentliche Gefahren für die Umwelt gehen durch die Bereitstellung von Grundstoffen aus. Für die Herstellung von Polyurethan werden als Rohstoffe u. a. Diisocyanate eingesetzt. Diisocyanit gilt als sehr giftig und allergieauslösend. Die Produktion von Diisocyanaten geschieht über die sogenannten Risikochemikalien Phosgen und Methylisocyanat, bekannt als Bhopalgift.

Bei der Verarbeitung des Rohstoffes Diisocyanit werden die meisten Diisocyanate in andere Stoffe umgewandelt, aber 0,2–0,5% monomere Diisocyante verbleiben im Schaumrohstoff. Die Kennzeichnungspflicht »gesundheitsschädlich« liegt für Polyurethan-Schäume bei 0,5%, so daß mögliche Gesundheitsgefahren für den Verbraucher nicht erkennbar sind. Entscheidend ist aber nicht die Konzentration im Gebinde, sondern in der Luft beim Verarbeiten. Schon eine geringe Konzentration von 0,5% Restmonomeren kann die Raumluft am Arbeitsplatz bis auf den zulässigen maximalen Konzentrationswert von 0,01 ppm ansteigen lassen. Zur Aufschäumung des Grundgemisches werden leicht flüchtige chlorierte Kohlenwasserstoffe wie Trichlorfluormethan und Methylenchlorid als Treibmittel eingesetzt. Chlorierte Kohlenwasserstoffe sind u. a. mitverantwortlich für die Zerstörung der Ozonschicht.

Bei der Verarbeitung von Polystyrol bestehen besonders beim Aufschäumen gesundheitliche Gefahren durch Freisetzung der Styrol-Bausteine. Bei Arbeitern in polystyrolverarbeitenden Betrieben kam es vermehrt zu Störungen des Nervensystems, Hautschäden und Tuberkulose. Nach einer Untersuchung des dänischen Hygiene-Instituts in Aarhus werden organische Gase und Dämpfe in größeren Mengen freigesetzt, darunter auch Stoffe, die möglicherweise krebserregend sind.

Polycarbonat (PC) ist ein äußerst widerstandsfähiger Kunststoff. Als Fertigprodukt ist er ökologisch unbedenklich. Problematisch ist allerdings auch hier die Bereitstellung von Grundstoffen. Dies ist u. a. das giftige und explosive Gas Phosgen. Das Einatmen des Gases führt innerhalb kürzester Zeit zum Tod. Um das Risiko einer möglichen Explosion der Phosgentanks zu verhindern, wird das Phosgen in den unmittelbar für die Reaktion benötigten Mengen direkt hergestellt.

Motorradhelme reagieren je nach verarbeitetem Material unterschiedlich auf Umwelteinflüsse und verlieren ihre Schutzwirkung. Aus Sicherheitsgründen sollte ein Motorradhelm alle drei bis vier Jahre ersetzt werden. Die Entsorgung von Helmen geschieht über den Hausmüll. Hieraus ergeben sich mögliche Belastungspotentiale für Luft und Wasser.

Inwieweit die im Polystyrol enthaltenen Restmonomere bei Motorradhelmen ausdampfen und ein Gefährdungspotential darstellen, ist bisher nicht untersucht worden.

Empfehlungen für die Nutzer

- Beim Kauf eines Motorradhelms sollte nicht nur auf Sicherheitsaspekte, sondern auch auf gute Verarbeitung geachtet werden.

- Die Helme sind nicht mit dem Hausmüll zu entsorgen, sondern getrennt bei den Entsorgungsunternehmen abzuliefern.

4.1.9 Großveranstaltungen

Eine typische Begleiterscheinung bei Großveranstaltungen ist der immense Abfall: Getränkedosen, Speiseverpackungen, Essensreste, Küchenabfälle, Hochglanzpapier (Flugblätter, Werbeprospekte), Folien und andere Verpackungsmaterialien, Dekorationsmittel, Zigarettenstummel und Sondermüll wie Batterien. Je nach Charakter der Veranstaltung fallen dabei unterschiedliche Abfallmengen an.

Einen besonders hohen Anteil an diesem Abfallaufkommen haben Einweggeschirr und Essensverpakkungen. Dieses Geschirr besteht entweder aus Pappe, das ein- oder beidseitig mit Polyethylen beschichtet ist, oder aus Kunststoff wie Polystyrol.

Bewertung der Umweltverträglichkeit am Beispiel Einweggeschirr

Zur Herstellung von Einweggeschirr und -bestecken werden überwiegend Polystyrolarten eingesetzt. Die Verarbeitung erfolgt vorwiegend im sogenannten Tiefziehverfahren. Durch chemische Zusätze werden somit die Eigenschaften des Geschirrs wie z. B. Wärmespeicherfähigkeit, Schlagfestigkeit oder Transparenz beeinflußt. Durch Zusatz von Butadien erhält man schlagzähes Styrol-Butadien. Aufgeschäumtes Polystyrol erhöht die wärmespeichernden Eigenschaften und wird vorzugsweise bei Geschirr für warme Getränke und Speisen benutzt. Als Treibmittel zum Aufschäumen werden häufig Fluorchlorkohlenwasserstoffe wie Monofluortrichlormethan oder Dichlordiflourmethan eingesetzt. Als Stabilisatoren werden auch Diphenylthioharnstoffe verwendet.

Die Benutzung von Einweggeschirr aus Polystyrol stellt potentiell eine Gesundheitsgefährdung dar, da Polystyrolbecher und -verpackungen einen gewissen Anteil an Reststyrol enthalten. In Verbindung mit Wärme können diese Reststyrole freigesetzt und durch die Flüssigkeit im Körper aufgenommen werden. Styrol gilt als Nervengift, das Sehstörungen und Schlaflosigkeit hervorruft. Es steht im Verdacht, krebserregend zu sein. Es wurden Mengen von 10–24 mg Styrol je Liter in Kaffee, Kakao oder Glühwein gefunden. In Essensbehältern und -schalen wurden z. T. noch höhere Mengen Reststyrol ausfindig gemacht. Nach den Empfehlungen des Bundesgesundheitsamtes soll der Reststyrolgehalt in Polystyrolgeschirr nicht höher als 0,1% sein. Neben Styrol finden sich weitere Zusatzstoffe im Einweggeschirr wie Organzinnverbindungen, Phenole, Phosphorsäureester. Über die genaue Wirkung dieser Zusatzstoffe in Verbindung mit Lebensmitteln liegen allerdings zur Zeit noch keine detaillierten Untersuchungen vor.

Pappgeschirr ist im Vergleich zu Kunststoffgeschirr problemloser zu entsorgen. Es verrottet und kann auch bei Beschichtung mit Polyethylen kompostiert werden. Eine zweiseitige Beschichtung erschwert allerdings die Verrottung, so daß es vorher zerkleinert werden muß. Geschirr aus Kunststoffmaterialien verrottet dagegen sehr langsam und erhöht das Volumen der Mülldeponien. Eine Gefährdung für Boden und Grundwasser besteht dagegen nicht. Bei der Müllverbrennung besteht die Gefahr der Freisetzung giftiger Gase. Insbesondere bei aufgeschäumtem Polystyrol ist mit Emissionen von Chlor- und Fluorwasserstoff zu rechnen. Bei ungünstigen Verbrennungsbedingungen können z. T. hochtoxische Verbindungen entstehen und freigesetzt werden.

Empfehlungen für die Nutzer

- Oberstes Ziel bei Veranstaltungen ist die Abfallvermeidung. Diese Maxime hat für alle am Veranstaltungsablauf Beteiligten zu gelten (Veranstalter, Anbieter von Dienstleistungen, Teilnehmer, Besucher).

- Hierzu müssen vorab vom Veranstalter für alle Akteure Vermeidungsstrategien entwickelt und entsprechend publiziert werden. Diese beinhalten einerseits regulative Maßnahmen wie Verbote, Einschränkungen (Mehrweggeschirr anstelle von Einweggeschirr) und appellative Maßnahmen wie Hinweistafeln, getrennte Müllsammlung u. ä.

- Wer auf Einweggeschirr nicht verzichten will, soll möglichst kein aufgeschäumtes Polystyrolgeschirr verwenden. Speziell in Verbindung mit fettigen und heißen Speisen bestehen hier erhebliche gesundheitliche Gefahren.

- Als Alternative bei Einweggeschirr können Materialien aus Pappe gelten, die möglichst nicht oder nur einseitig beschichtet sind.

- Auf Einweggeschirr mit zusätzlichen Farbaufdrucken ist generell zu verzichten.

4.2 Bewertung der Umweltverträglichkeit ausgewählter Freizeitprodukte

Bei der zusammenfassenden Analyse und Bewertung ausgewählter Freizeitprodukte ist zu fragen, welche spezifischen Belastungen und Gefahren durch

- Rohstoffverwendung,
- Energieeinsatz,

- Verwendung bestimmter Zusatzstoffe,
- Herstellungs- und Produktionsverfahren und
- Entsorgung der Produkte

ausgehen und welche Auswirkungen diese auf die Umwelt haben können. Unterschieden werden hierbei:

- Bodenbelastungen durch Schadstoffeintrag oder Beeinträchtigung des Bodenhaushalts,
- Wasserbelastungen durch Verunreinigung des Grundwassers oder Erhöhung der Abwassermenge,
- Luftverunreinigungen in Form von Emissionen von Staub und Schadstoffen,
- Gesundheitsgefährdungen durch Einsatz gesundheitsgefährdender Roh- und Inhaltsstoffe bei der Ver- und Bearbeitung des Produkts oder beispielsweise durch die Ausgasung bei Nutzung des Produkts und schließlich
- Belastungen bei der Entsorgung durch nicht verwertbare Abfallstoffe, eventuellen Schadstoffaustritt bei der Deponierung oder Freisetzung von Schadstoffen bei der Müllverbrennung.

Bereits bei der Produktion und der Herstellung ergeben sich erhebliche Umweltbelastungen durch die Bereitstellung der Rohstoffe, den Energieverbrauch und die Inhaltsstoffe. Dies gilt besonders für Freizeitprodukte, die aus Kunststoffmaterialien hergestellt sind. Beim Mountainbike ist die hohe Belastung dadurch begründet, daß bei der Herstellung von Aluminium hohe Energie- und Umweltbelastungen anfallen. Für alle Freizeitartikel und -produkte wird beim Kriterium Gesundheitsbelastungen am Arbeitsplatz, mit Ausnahme des »Produkts« Tennenbelag, eine mittlere bzw. hohe Belastung festgestellt, da durch die umweltbelastenden Roh- bzw.

Inhaltsstoffe eine Gefährdung bei der Verarbeitung zu befürchten ist. Dies ist jedoch abhängig vom jeweiligen Produktionsverfahren.

Im Bereich Betrieb und Nutzung sind bis auf die Freizeitprodukte Luftmatratzen, Chemietoilette und Tennenbelag keine oder nur gering nachweisbare Belastungen festzustellen.

Im Bereich der Entsorgung spielt die Abfallmenge und das Kriterium »nicht verwertbarer Abfall« eine große Rolle. Die hohe bzw. die mittlere Belastung bei nicht verwertbarem Abfall ergibt sich aus der Tatsache, daß Freizeitprodukte überwiegend aus einer Vielzahl unterschiedlicher Kunststoffe ohne Recyclingfähigkeit bestehen. Die Hauptbelastungen für die Umwelt ergeben sich aus der Abfallmenge und den Belastungen, die durch die Entsorgung entstehen (Müllverbrennung bzw. Deponierung).

Zusammenfassend läßt sich feststellen:

- Die höchsten Umweltbelastungen entstehen bei der Produktion und der Herstellung.
- Die Freizeitprodukte Luftmatratze, Chemietoiletten und Mountainbike verursachen die höchsten Umweltbelastungen.
- Die Freizeitprodukte Ski, Surfbrett, Tennisschläger und Freizeitkleidung sind als mittlere Belastung einzustufen.
- Bei allen Freizeitprodukten besteht eine hohe bzw. mittlere Entsorgungsproblematik.

4.3 Empfehlungen und Hinweise zur Produktgestaltung und Produktentwicklung

Die künftige Nutzung und Entwicklung von Freizeitprodukten muß sich stärker als bisher an Aspekten der Umwelterheblichkeit orientieren. Dies kann nur unter Berücksichtigung umweltrelevanter Prozesse und einer Änderung der Beurteilungskriterien bei der Nutzung erfolgen.

Hauptziel muß es sein, ein Freizeitprodukt möglichst umweltverträglich herzustellen. Entscheidend dabei ist der Beitrag zur

– Minimierung bzw. Reduzierung des Rohstoff- und Energieeinsatzes,

– die Verbesserung der Produktions- und Arbeitsbedingungen,

– der Verzicht auf gefährliche Inhalts- und Zusatzstoffe,

– die Verringerung der Boden-, Luft- und Wasserbelastungen,

– der hohe Gebrauchswert und die erhöhte Lebensdauer sowie

– die Recyclingfähigkeit des Freizeitartikels.

Diese Kriterien entscheiden letztendlich, ob das Endprodukt ökologisch verträglich ist. Der Einsatz von natürlichen Rohstoffen muß sparsam sein. Nach Möglichkeit sollten nur Rohstoffe eingesetzt werden, die wiederverwendet werden können. Der Energieeinsatz zur Herstellung von Freizeitprodukten sollte so gering wie möglich gehalten werden. Hier sollten vor allem Techniken der »alternativen« Energieerzeugung (Sonnenkollektoren, Erdwärme) eingesetzt und Maßnahmen zur Energierückgewinnung und -einsparung (Kraft-Wärme-Kopplung, Wärmedämmung) getroffen werden.

Die Produktionsverfahren zur Herstellung von Freizeitprodukten müssen so ausgerichtet sein, daß sowohl die Belastungen für den Arbeitnehmer als auch der Umwelt so gering wie möglich sind. Eine Verringerung der Belastungen am Arbeitsplatz ist z. B. durch Umstellung auf geschlossene Produktionssysteme wie Kapselung, Umluftbetrieb oder automatische Prozeßgestaltung möglich. Durch den Einbau von Reinigungs-, Filter- oder Brauchwasseranlagen lassen sich die Belastungen für Boden, Wasser und Luft wesentlich verringern.

Auf den Gebrauch von gefährlichen Inhalts- und Zusatzstoffen sollte grundsätzlich verzichtet werden. Viele dieser Stoffe können durch unbedenklichere ersetzt werden, z. B. durch den Ersatz von Fluorchlorkohlenwasserstoff (FCKW) beim Aufschäumen von Polyurethan durch andere Treibmittel oder die Verwendung lösungsmittelfreier Farben und Klebstoffe bei der Herstellung von Surfbrettern und Tennisschlägern.

Zur Erhöhung des Gebrauchswerts und der Lebensdauer eines Freizeitproduktes sollten hochwertige Rohstoffe verarbeitet werden. Aus Umweltgesichtspunkten ist der Einsatz von Werkstoffen aus Stahl beim Fahrradbau Materialien aus Aluminium vorzuziehen.

Bereits bei der Produktion ist die Recyclingfähigkeit eines Freizeitproduktes zu berücksichtigen, z. B. durch die Bevorzugung homogener Thermoplaste bei der Verarbeitung von Kunststoffen in der Motorradhelmproduktion oder die Erweiterung der Ausbau- und Zerlegungsmöglichkeit in Einzelteile und Werkstoffe bei den Mountainbike-Rädern.

Die Recyclingfähigkeit der verwendeten Materialien

von Freizeitprodukten sollte von vornherein gekennzeichnet werden. Hierdurch wird eine Rückführung zu Recyclingmaßnahmen wesentlich erleichtert. Anzustreben ist, daß die bei der Produktion anfallenden Reststoffe nicht als Abfall entsorgt werden, sondern über Verwertungsbetriebe oder Abfallbörsen weitergegeben werden.

4.4 Verbrauchertips und Empfehlungen zur Nutzung von Freizeitprodukten

Die Nutzer von Freizeitprodukten haben die Möglichkeit, auf Produktentwicklung und -gestaltung einzuwirken. Als Konsument und Käufer entscheiden sie letztendlich, ob sich ein Freizeitartikel auf dem Markt durchsetzen kann oder nicht. Deshalb sollten bei der Auswahl eines Produkts nicht nur funktionale Anforderungen eine Rolle spielen, sondern auch ökologische Gesichtspunkte mit in die Kaufentscheidung einfließen, wie:

- Materialbeschaffenheit,
- Haltbarkeit, Langlebigkeit sowie
- Wiederverwertbarkeit.

Das schwierigste Problem stellt sich für die Nutzer bei der Beurteilung der Materialbeschaffenheit eines Freizeitprodukts. Normalerweise sind bei Freizeitprodukten aus Kunststoffmaterialien keine oder nur unzureichende Angaben zum verwendeten Werkstoff vorhanden. Daher ist es praktisch unmöglich zu beurteilen, welche Schadstoffe das jeweilige Material beinhaltet. Aufgabe des Gesetzgebers ist es daher, für den expandierenden Freizeitsektor entsprechende Vorschriften über die Deklaration von Inhaltsstoffen zu verfassen und auf mögliche Gesundheitsgefahren hinzuweisen.

Als Informationsquelle für den Kauf bzw. die Nutzung von Freizeitgeräten und -artikeln sind Hinweise bei den von den Verbraucherverbänden durchgeführten Tests als sehr gering einzustufen. In der Zeitschrift »Test« ist erfreulicherweise das Kriterium Umweltfreundlichkeit von zu untersuchenden Produkten eingeführt worden. Festzustellen ist jedoch, daß bisher nur in unbedeutendem Umfang relevante Freizeitprodukte und -artikel betrachtet und bewertet wurden.

Ein Freizeitprodukt mit hoher Haltbarkeit und Langlebigkeit ist häufig als umweltfreundlicher einzustufen als ein vergleichbares Produkt mit kürzerer Lebensdauer. Gleichzeitig trägt ein umweltfreundliches und haltbares Qualitätsprodukt zur Verminderung des Abfallberges bei und wirkt der zunehmenden Wegwerfmentalität entgegen. In vielen Fällen kann ein solches Qualitätsprodukt weiterverkauft bzw. verschenkt werden (z. B. Fahrrad, Zelt etc.). Auch die Recyclingfähigkeit bzw. Wiederverwertbarkeit eines Freizeitprodukts trägt zur Verringerung des Abfallaufkommens bei. Insbesondere recyclingfähige Materialien können getrennt entsorgt und als Rohstoffe wieder genutzt werden.

Ein wichtiger Aspekt ist die Möglichkeit der Zerlegung eines Freizeitgeräts in Einzelteile. Dies hat den Vorteil, daß nur bestimmte Ausstattungsgegenstände ersetzt werden müssen. Maxime ist daher, daß bei Schäden an einzelnen Teilen des Freizeitgeräts (z. B. Tennisschläger, Mountainbike) nicht der gesamte Artikel ersetzt werden sollte. Abzulehnen sind Voll-Kompakt-Freizeitgeräte, z. B. nicht zerlegbare und reparable Produkte. Beim Neu- und Ankauf eines Freizeitprodukts und dessen Beurteilung der Umweltverträglichkeit sind folgende Kriterien einzubeziehen:

- Gibt es Hinweise auf eventuelle Gütezeichen (Umweltengel)?
- Welche umweltschädigenden Werkstoffe (Schadstoffe) sind in dem Produkt enthalten?
- Ist das Produkt besonders gekennzeichnet und auf welche Gefahrensymbole weisen die Kennzeichen hin?
- Ist der Freizeitartikel recycelbar oder wiederverwertbar?
- Kann auf bestimmte umweltbelastende Ausstattungsgegenstände verzichtet werden?
- Wird eine Garantiezeit gewährleistet und wie lang ist diese?
- Wird das Produkt vom Händler für Recycling und/oder Entsorgung zurückgenommen?
- Besteht die Möglichkeit des Wiederverkaufs?
- Kann aufwendiges Verpackungsmaterial beim Händler gelassen werden?

5. Freizeit und Verkehr

Ende 1989 erreichte die Kfz-Dichte in der alten Bundesrepublik mit über 35 Mio. ihren bisherigen Höchststand. Der motorisierte Individualverkehr ist einer der wesentlichsten Verursacher von Umweltschäden. Die für die Kraftfahrzeuge benötigten Infrastruktureinrichtungen wie Straßen, Stellplätze, Tankstellen, Kfz-Werkstätten etc. tragen erheblich zum Flächenverbrauch, zur Versiegelung und Zerschneidung der Landschaft bei. Der Straßenverkehr ist eine der Hauptquellen für Lärm. 65% der Bundesbürger fühlen sich durch Straßenlärm gestört. Straßen sind lebensgefährliche Orte geworden. Jahr für Jahr sterben Tausende Menschen im Straßenverkehr und Hunderttausende werden bei Autounfällen verletzt. Das Auto ist mittlerweile in Deutschland Luftbelastungsquelle Nr. 1. In der alten Bundesrepublik wurden 1988 1,6 Mio. t Stickoxide, 1,2 Mio. t Kohlenwasserstoffe, 6,3 Mio. t Kohlenmonoxid und 60000 t Ruß von Kraftfahrzeugen emittiert.

Neben der Gefährdung der menschlichen Gesundheit bedeutet dies auch einen erheblichen Schadstoffeintrag in Boden und Wasser sowie Schädigungen der Flora und Fauna.

Der durch die Verbrennung fossiler Energieträger (Holz, Kohle, Öl) verursachte CO_2-Anstieg in der Atmosphäre hat zu einem globalen Anstieg der Temperaturen geführt. Die Gefahr einer weltweiten

Klimakatastrophe wird bei ungebremstem CO_2-Ausstoß immer wahrscheinlicher. Auch der Verbrauch von Mineralölen durch den Verkehr trägt zu einem beträchtlichen Teil zum CO_2-Ausstoß bei.

5.1 Freizeitverkehr und Umweltbelastungen

In der Freizeit ist der private Pkw das bevorzugte Fortbewegungsmittel. Mehr als ein Drittel der in der alten Bundesrepublik mit dem Pkw unternommenen Fahrten entfällt auf den Freizeitverkehr. 70–80% der Tages- und Wochenendausflüge in Naherholungsgebiete erfolgen mit dem Kraftfahrzeug. Die Tendenz ist weiter steigend. Bei Urlaubsreisen beträgt der Pkw-Anteil zwischen 60 und 70%; Campingplätze werden sogar zu 96% mit dem Pkw angefahren.

Mit der massenhaften Verbreitung der Kraftfahrzeuge in den 60er Jahren konnte eine nahezu unbegrenzte Mobilität erreicht werden. Die hohe Mobilität durch den motorisierten Individualverkehr verspricht soziale Gleichheit und mehr Chancen der Freizeitverbringung. Die gesellschaftlich positive Bewertung der Mobilität zum Zwecke der Erholung und Freizeitnutzung liegt vorwiegend darin begründet, sich möglichst schnell und ohne vorherige Planung den eigenen individuellen Aktionsradius auszuwählen.

Für die Freizeitverbringung außer Haus und deren Folgen in der Umwelt ist hierbei von Bedeutung, daß der massenhafte Mobilitätsgewinn auch zu neuen Wahrnehmungen von Natur und Landschaft führt, und zwar im Hinblick auf deren Freizeitnutzungsmöglichkeiten. In den letzten 40 Jahren ist es zu einer flächendeckenden Nutzung der Landschaft durch Erholungs- und Freizeitaktivitäten gekommen.

Die spezifischen Folgen dieser starken Orientierung auf den Pkw als Freizeitverkehrsmittel sind:

- Hoher Flächenverbrauch, Versiegelung der Landschaft und Landschaftsbildzerstörung durch Straßen und Parkplätze in den Erholungsgebieten. Durch den massiven Ausbau der Verkehrsinfrastruktur sind insbesondere die Fremdenverkehrsregionen betroffen.

- Landschafts- und Biotopzerschneidungen bis hin zur Zerstörung ökologisch wertvoller Gebiete.

- Belastungen in Form von Stoffeintrag, Bodenstrukturveränderungen, Zerstörung der Vegetation sowie Stören der Fauna durch unkontrolliertes Befahren von Wald und Feldwegen und »wildes« Parken auf unbefestigten Flächen.

- Räumliche und zeitliche Konzentration der Schadstoffemissionen an den Wochenenden und zu den Hauptreisezeiten in den Erholungsgebieten bzw. Urlaubsregionen.

- Schadstoffablagerungen entlang der Ausfallstraßen und Freizeitrouten. Sie bilden ein lineares Belastungsband (»Seitenstreifen-Altlast«). Die Schadstoffe gelangen über den Luftpfad als Abgase und über den Wasserpfad als Spritz- bzw. Tau- und Regenwasserabfluß in den Boden.

- Lärmbelästigung besonders nach Feierabend und an Wochenenden.

Eine Verminderung der verkehrsbedingten Umweltbelastungen im Freizeitbereich kann nicht losgelöst von einer notwendigen Neuorientierung der gesamten Verkehrspolitik gesehen werden.

Ziel muß eine neue Verkehrspolitik sein, die ein humanes, umweltverträgliches und funktionierendes

Verkehrssystem anbietet, in dem die Verkehrsmittel des Umweltverbundes (Bahn, Bus, Fahrrad, zu Fuß) wieder bevorzugt werden.

Die Umsetzung folgender Maßnahmen stellen wesentliche Rahmenbedingungen einer umweltverträglichen Verkehrspolitik dar:

- Verdoppelung, zumindest eine eindeutige Erhöhung des z. Z. herrschenden Kraftstoffpreises.
- Einführung einer Energiesteuer.
- Zweckgebundene Erhöhung der Mineralsteuer für den Ausbau des öffentlichen Personennahverkehrs.
- Einführung einer CO_2-Abgabe auf fossile Brennstoffe (in der Schweiz wurde eine solche Abgabe bereits eingeführt).
- Reduzierung des Kraftstoffverbrauchs durch Geschwindigkeitsbegrenzung und Verstetigung des Verkehrsablaufs.
- Verstärkung der finanziellen Anreize durch Preisreform im Verkehrswesen (Anwendung des Verursacherprinzips für Wege-, Umwelt- und Unfallkosten).
- Schnelle und wirksame Absenkung des durchschnittlichen Kraftstoffverbrauchs bei Pkw/Lkw durch Festlegung/Entwicklung motortechnischer Normen.
- Senkung der Abgas- und Lärmgrenzwerte auf das Niveau der Werte von USA/Japan.
- Einführung, Durchsetzung und Beibehaltung eines bundesweiten bzw. europaweiten gestaffelten Tempolimits: 30 km/h in geschlossenen Ortschaften, 80 km/h auf Landstraßen, 100–130 km/h auf Autobahnen.
- Umorientierung und Revision der für den Straßenbau gebundenen Haushaltsmittel (Haushalts-

planung und mittelfristige Finanzplanung der Kommunen) zugunsten des öffentlichen Personennahverkehrs und anderer umweltfreundlicher Verkehrsmittel (z. B. Fahrrad).

- Rückbau der Fahrbahnbreiten und Verbesserung der Fahrradverkehrsbedingungen (Velorouten, Fahrradverbindungen und -wege).

- Verbesserung der Fußgängerbedingungen.

- Im Hinblick auf den Freizeitverkehr in stadtnahe Erholungsbereiche ist die Novelle des Bundesimmissionsschutzgesetzes (BImSchG) dahingehend zu nutzen, daß Vorranggebiete Luftreinhaltung (§ 40(2) BImSchG) als Gebiete auszuweisen sind, in denen verkehrsbeschränkende Maßnahmen getroffen werden können (z. B. eingeschränktes Fahrverbot für Pkw ohne G-Kat).

- Start von werbewirksamen Kampagnen und Initiativen zum Umstieg von verbleitem auf bleifreies Benzin, um den immer noch hohen Anteil von verbleitem Benzin zu reduzieren.

- Verzicht auf den Einsatz von gesundheitsgefährdenden und umweltschädlichen Stoffen bei der Kfz-Produktion (z. B. Asbest bei Bremsbelägen, Cadmium in Autolacken).

- Produktion von abgasarmen, energiesparenden und geräuscharmen Kraftfahrzeugen.

- Veränderung des Verkehrsverhaltens durch Verkehrsaufklärung und -erziehung sowie durch modifizierte Werbung der Kfz-Hersteller (Beispiel Volvo).

5.2 Tips zur Minimierung der Umweltbelastungen durch den Freizeitverkehr

Vor dem Hintergrund, daß ein Großteil des Freizeitverkehrs – insbesondere des Naherholungsverkehrs – darauf beruht, daß für die verminderte Lebensqualität in den Städten ein Ausgleich im Umland gesucht wird, können Verkehrsströme bereits dadurch reduziert werden, daß Wohn- und Arbeitsverhältnisse sozial- und umweltverträglicher gestaltet werden.

Dies ist eine gesamtgesellschaftliche Aufgabe. Sie umfaßt unterschiedliche Aspekte, wie gesellschaftlicher Wertewandel, Humanisierung der Arbeitswelt und ökologischer Umbau der Städte. Ein den Wohnbereich betreffender Ansatz wurde im Kapitel 3.1 »Wohnumfeldverbesserung« aufgezeigt. Wohnumfeldverbessernde Maßnahmen greifen aber erst mittel- und langfristig.

Es kann nicht das Ziel von Maßnahmen zur Durchsetzung eines umweltverträglichen Freizeitverhaltens sein, die Mobilität grundsätzlich einzuschränken oder zu behindern. Vielmehr geht es darum, ein umweltbewußteres Verkehrsverhalten durch Maßnahmen bzw. attraktive Angebote zu ermöglichen. Hierzu zählt auch, geltende Wertmaßstäbe zu hinterfragen.

Mobilität darf nicht länger gleichgesetzt werden mit Autofahren

Es sind Strategien zur Verlagerung der Mobilitätsbedürfnisse auf andere Verkehrsmittel notwendig. Appelle an Erholungssuchende, bei der »Fahrt ins

Grüne« den Pkw stehenzulassen und mit Bahn oder Bus zu fahren, müssen ins Leere laufen, solange die Angebotsstruktur des öffentlichen Personenverkehrs nicht verändert wird. Aufgrund einer Verkehrspolitik, die 20 Jahre lang den Pkw gefördert und den öffentlichen Verkehr benachteiligt, ja in großen Teilen abgeschafft hat (z. B. die Streckenstillegungsprogramme der Deutschen Bundesbahn), sind auch in diesem Bereich keine kurzfristigen Veränderungen zu erreichen.

Vor dem Hintergrund des drohenden Verkehrskollapses in den Städten wurde in Ballungsräumen inzwischen eine Reihe von Maßnahmen ergriffen, die die Verlagerung des Verkehrs vom motorisierten Individualverkehr auf die Verkehrsmittel des Umweltverbundes bewirken sollen: Einführung von Umwelttickets, Tempo-30-Zonen, Busspuren, Park-and-ride-Systeme, Parkraumbewirtschaftung etc. Finanzierungsprobleme und fehlende politische Durchsetzbarkeit haben allerdings bisher dazu geführt, daß nur Teilprobleme gelöst wurden.

Die Schweiz hat mit ihrem Konzept »Bahn 2000« bewiesen, daß auch in der Fläche, d. h. in dünner besiedelten ländlichen Räumen, der öffentliche Verkehr eine leistungsfähige Alternative zum Pkw darstellen kann. Durch ein spinnenförmiges Streckennetz, an dessen Knotenpunkten die Züge jeweils zur vollen oder halben Stunde aus allen Richtungen gemeinsam eintreffen, konnte eine optimale Regionalerschließung erreicht werden. Genauere Fahrplankenntnisse sind nicht erforderlich, da die Anschlüsse durch dieses System garantiert sind.

Das nachfolgende Maßnahmenpaket bedarf zu seiner Umsetzung Veränderungen der verkehrspolitischen Rahmenbedingungen, die auch außerhalb der städtischen Ballungsräume eine Bevorzugung des öffentlichen (Personennah-) Verkehrs und eine

Zurückstufung des motorisierten Individualverkehrs zum Inhalt hat. Insbesondere die Regionalerschließung mit öffentlichen Verkehrsmitteln ist für eine Veränderung des Freizeitverkehrsverhaltens äußerst wichtig.

Angebote im Freizeitverkehr müssen spezifische Bedingungen erfüllen

Für den Bereich des Freizeitverkehrs ist es wesentlich, die speziellen Bedingungen zu berücksichtigen, denen dieser von der Nachfragerseite her unterliegt:

- Noch stärker als im Berufsverkehr wird von den Nutzern auf eine hohe Flexibilität Wert gelegt. Gerade weil im Bereich der Arbeit die individuellen Entscheidungen hinsichtlich Arbeitsbeginn und Dauer stark eingeschränkt sind, will »Mensch« am Wochenende und im Urlaub jederzeit spontan seine Freizeitaktivität beginnen und enden lassen.

- Während im Berufsverkehr vor dem Hintergrund der häufig vorherrschenden Zwangsmobilität (Wohnung und Arbeitsplatz sind weit voneinander entfernt) gewisse Unbequemlichkeiten noch »erduldet werden« (z. B. unkomfortable Haltestellen, nicht ausreichende Sitzplatzkapazität), ist in der Freizeit niemand bereit, auf Fahrkomfort zu verzichten. Gerade im Naherholungsverkehr wird oft die Fahrt selbst als Teil des Erholungserlebnisses begriffen.

- Verkehrsströme des Freizeitverkehrs verlaufen im Bereich der Ballungsräume in entgegengesetzter Richtung zum Berufsverkehr und mit anderen Spitzenzeiten. Taktzeiten und Kapazitäten des öffentlichen (Personennah-) Verkehrs müssen dementsprechend ausgerichtet sein.

- Mitnahmemöglichkeiten für Gepäck werden im Freizeitverkehr stärker nachgefragt als im Berufsverkehr (z. B. Fahrräder, Sportgeräte etc.).
- Ziel des Freizeitverkehrs ist die Ausübung einer bestimmten Freizeitaktivität. Eine Kombination der öffentlichen Verkehrsmittel mit dieser Freizeitaktivität wird die Akzeptanz steigern helfen, z. B. durch Wanderroutenangebote, die zeitlich und räumlich mit dem Angebot des öffentlichen Nahverkehrs gleichgeschaltet werden sollten.

Um eine Verlagerung des Freizeitverkehrs vom Pkw auf umweltverträgliche Verkehrsmittel zu erreichen, ist es daher notwendig, die Angebotsstruktur so zu gestalten, daß diese Bedingungen erfüllt werden.

Zur Förderung der »Umsteigewilligkeit« müssen Maßnahmen, die Verkehrsmittel des Umweltverbundes stärken (pull-Effekte), mit Maßnahmen, die den motorisierten Individualverkehr gegenüber umweltfreundlichen Verkehrsmitteln benachteiligen (push-Effekte), kombiniert werden. Der Restverkehr ist so zu lenken, daß die umweltschädigenden Auswirkungen auf ein Minimum gemindert werden.

Begleitet werden müssen solche planerischen, finanzpolitischen und organisatorischen Maßnahmen von Public-awareness-Konzepten. Dies sind Konzepte, die Verkehrsmittel des Umweltverbundes im öffentlichen Bewußtsein aufwerten. Umweltverträglichen Verkehrsmitteln darf nicht länger das Image eines »Arme-Leute«- und »Grün-Alternativen«-Verkehrsmittels anhaften. Entsprechende Öffentlichkeitsarbeit von seiten der Anbieter können hier im Sinne eines »Sichaufschaukelns« von subjektiver Wahrnehmung und objektiver Qualität wirksam werden.

Maßnahmen zur Stärkung umweltverträglicher Verkehrsmittel

Bei den Verkehrsmitteln sollte folgende Rangfolge eingehalten werden: zu Fuß, Fahrrad, Bahn, Busse. Bei den Bussen ist der Einsatz umweltfreundlicher Technologien anzustreben (statt Dieselbusse kleinere katalysatorfähige Fahrzeuge bzw. Elektrobusse). Darüber hinaus ist die Entwicklung bzw. der Einsatz bereits vorhandener umweltfreundlicherer Technologien in der Automobilproduktion zu forcieren.

Neben konkreten planerischen, gestalterischen und organisatorischen Maßnahmen sind weitere zusätzliche Anreize zu schaffen, um die Akzeptanz solcher Angebote in der Bevölkerung zu erhöhen.

Folgende Maßnahmen können empfohlen werden:

- Erschließung der Naherholungsgebiete/Freizeiteinrichtungen vorrangig mit Verkehrsmitteln des Umweltverbundes durch
  - Fahrradwege, Bahnen (Schiffe), Busse;
  - Angebote von Sonderfahrten (dauerhaft oder befristet); auch im Zusammenhang mit Sonderservice (z. B. Gepäckdepots für Surfbretter) für den Ausflugsverkehr;
  - Angebote von Vergnügungsfahrten;
  - Einrichtung von Schnellbuslinien.
- Einführung von Taktverkehr auf den Bus- und Bahnlinien, die Erholungsgebiete bedienen. Bei Taktzeiten bis maximal 10 Minuten wird von den Benutzern eine Fahrplanunabhängigkeit wahrge-

nommen, der Gang zur »Haltestelle« kann spontan erfolgen.

- Kooperation oder Zusammenschluß der verschiedenen Verkehrsträger eines Gebietes bzw. angrenzender Regionen. Insbesondere zwischen den Ballungsgebieten und den besuchten Erholungsgebieten müssen sowohl hinsichtlich Organisation als auch Finanzierung Abstimmungen getroffen werden.

- Attraktive, nutzerfreundliche Ausgestaltung der Verbindungen durch

  - Fahrradrouten entlang von Grünzügen;

  - ausreichende Sitzplatzkapazitäten in Bahnen und Bussen;

  - Errichtung von speziellen Freizeitlinien, die durch zusätzliche Angebote, wie Speisen und Getränkeausschank, Informationen über regionale Besonderheiten etc., noch zusätzliche Attraktivität erlangen können – z. B. historische Eisenbahnen, Schiffahrtslinien, Bergbahnen;

  - Servicesteigerung;

  - Verkehrsfunk auch für NutzerInnen des öffentlichen Personennahverkehrs;

  - FahrgastbetreuerInnen.

- Flexibler Buseinsatz innerhalb von Erholungsgebieten durch Einrichtung von Bedarfshaltestellen in kurzen Abständen bzw. Einrichten von Buslinien ohne feste Haltestellen (Busstopp mit Handzeichen).

- Anschlußoptimierung und Kombinationsmöglichkeiten zwischen den verschiedenen Verkehrsmitteln durch

  - aufeinander abgestimmte Abfahrtzeiten;

- Mitnahmemöglichkeiten für Fahrräder (Fahrradabteile, Busanhänger);

- fußläufige Erreichbarkeit von Haltestellen/Bahnhöfen, z. B. durch Synchronisation von Grünschaltungen der Fußgängerüberwege mit der Ankunft öffentlicher Verkehrsmittel;

- Ausgabe kombinierter Fahrausweise verschiedener Verkehrsunternehmen (z. B. durchgehende Fahrkarten für Bahn-Schiff-Bus u. a. zu den Nordseeinseln, Bahn-Bus-Bergbahn u. a. in den Alpen). Die Bundesbahndirektion München bietet Programme zu Pauschalpreisen an, die die Bahnfahrt mit Bus und ggf. mit der Bergbahn verbindet. 1990 betraf dies 30 Zielgebiete im Alpenraum;

- diebstahlsichere Fahrradabstellmöglichkeiten an Bahnhöfen/Haltestellen mit Einrichtung von Schließfächern für Fahrradzubehör (Bike-and-ride) und

- Ausleihmöglichkeiten von Fahrrädern am Zielbahnhof einschließlich des Angebotes von Serviceleistungen für Fahrräder.

■ Spezielle Bedienung von Attraktionspunkten/Freizeiteinrichtungen mit umweltverträglichen Verkehrsmitteln durch

- Bustransfer zum Ort der Freizeitbetätigung, z. B. Freizeitpark;

- Verknüpfung von Rad- und Wanderwegen mit Haltestellen/Bahnhöfen etc. und Einrichtung entsprechender Informationsdienste wie Hinweisschilder, Fahrpläne mit Wanderkarten etc. und

- Priorität des öffentlichen Verkehrs in bestimmten Erholungszonen, z. B. Reservierung von Parkflächen für Omnibusse.

- Einführung von Rufbussystemen in Erholungsgebieten.

- Ausrichtung der Kapazitäten und Taktzeiten des öffentlichen Verkehrs auf die sich vom Berufsverkehr unterscheidenden Bedürfnisse des Freizeitverkehrs, z. B. Schaffung ausreichender Kapazitäten am Sonntagnachmittag.

- Ausreichende Gepäcktransportkapazitäten für die unterschiedlichen Freizeitartikel, z. B. Busanhänger für Surfbretter.

- Dienstleistungsangebote für Gepäcktransport zwischen Bahnhof und Zielpunkt, z. B. Hotel, Skilift, Badestelle.

- Nutzerfreundliche Gestaltung der Haltestellen/ Aufenthaltsbereiche der Bahnhöfe durch witterungssichere Aufenthaltsbereiche, ausreichende Sitzgelegenheiten, Informations- und Konsumangebot (Kiosk), Telefonzelle, Gepäckschließfächer etc.

- Kostenlose Benutzung von Elektrotaxis bzw. anderer umweltfreundlicher Verkehrsmittel wie das Fahrrad innerhalb von Freizeiteinrichtungen (z. B. Campingplatz, Center Parc), Erholungsgebieten oder Fremdenverkehrsgemeinden.

- Schaffung von materiellen Anreizen für potentielle Benutzer des öffentlichen Personennahverkehrs durch

  - Anbieten von Umweltmonatskarten,
  - Anbieten von Umwelt-Jahreskarten, teilweise im Zusammenhang mit Angebotsverbesserungen, Infos/Werbung etc.,
  - Anbieten besonderer Monatskarten (z. B. übertragbare Karten, »9-Uhr-Karten«, Freizeitkarten),
  - Anbieten von Ferienkarten,

- Anbieten von Gästekarten für Umweltkarten-AbonnentInnen zur Benutzung des öffentlichen Personennahverkehrs in anderen Städten,
- Kennenlernangebote für AutofahrerInnen oder NeubürgerInnen (kostenlos oder Sondertarife),
- Freifahrten bei Führerscheinabgabe (z. B. drei Monate),
- P&R-Angebote, kostenlos oder mit Sondertarifen und -service,
- bargeldlose Benutzung des öffentlichen Personennahverkehrs,
- Reduktion von Unterkunftskosten und Eintrittsgeldern bei Anreise mit der Bahn (z. B. bei Veranstaltungen, in Freizeitparks oder bei der Anmietung von Ferienwohnungen),
- verbilligte Freizeittickets für den öffentlichen bzw. regionalen öffentlichen Verkehr bei freiwilligem Verzicht auf den Pkw oder bei Abgabe des Autoschlüssels beim Verkehrsamt,
- verbilligte Fahrkarten während der typischen Erholungszeiten (Wochenenden, Urlaubssaison etc.) oder für die Dauer von Veranstaltungen,
- verbilligte Fahrkarten für in Erholungsgebieten oder zu Freizeiteinrichtungen führenden Linien bzw. verbilligte Netzkarten innerhalb von Erholungsregionen. (An Inhaber eines Halbpreispasses verkauft die Schweiz Tageskarten für die gesamte Schweiz zum Preis von 28,- Franken.)
- Verkauf von Kombikarten, die sowohl Eintrittskarte für Veranstaltung, Freizeitpark etc. als auch Fahrkarte für die An- und Abreise beinhalten,
- Verkauf von Hotel-Kombitickets (der Zimmer-

nachweis berechtigt für den Tag der Ankunft und Abfahrt zur kostenlosen Benutzung des öffentlichen Verkehrs) und

- Einbeziehung der Benutzung des öffentlichen Personennahverkehrs in Bergbahnabonnements, insbesondere bei Skipässen.

■ Intensive Information und Werbung von seiten der Verkehrsträger sowie der Freizeitanbieter über Möglichkeiten und Vorteile der Benutzung öffentlicher Verkehrsmittel durch

- Herausgabe von Fahrplanheften (u. a. flächendeckend für Haltestellen mit allen Fahrzeiten),
- Herausgabe von Kundenzeitschriften,
- (Eigen-)Werbung der Verkehrsbetriebe (im Zusammenhang mit Liniennetzerweiterungen u. ä.) und
- Herausgabe von Informationsbroschüren.

■ Angebote von privaten Dienstleistungsunternehmen wie z. B.

- Fahrgeldrückvergütung,
- Parkraumbewirtschaftung und
- Kombination von Kreditkarten und Umweltjahreskarten durch Kreditinstitute.

Maßnahmen zur Beschränkung des motorisierten Individualverkehrs

■ Reduzierung des motorisierten Verkehrs in Erholungsgebieten bzw. Ortszentren von Fremdenverkehrsgemeinden durch

- Sperrung des Zentrums und/oder des Erholungsgebietes,

- Sperrung von Teilbereichen (z. B. eine 150-Meter-Sperrung um ein Gewässer) oder
- zeitlich begrenzte Sperrung.

- Fahrverbote
  - Befristete Fahrverbote für den motorisierten Individualverkehr.

- Sperrung von Zufahrtsstraßen bei gleichzeitigem Angebot umweltverträglicher Verkehrsmittel.

- Konsequente Sperrung nichtöffentlicher Wege wie Wald- und Forstwege (d. h. keine Ausnahmegenehmigung für Privatverkehr, Errichtung von Barrieren, Kontrolle und Sanktionierung von Verstößen).

- Geschwindigkeitsbegrenzungen (z. B. Tempo-30-Zonen innerhalb von Erholungsgebieten/Fremdenverkehrsorten).

- Straßenbenutzungsgebühren bzw. Einfahrgebühren in Erholungsgebieten (eventuell mit zeitlicher oder räumlicher Begrenzung).

- Verlagerung des ruhenden Verkehrs an den Ortsrand bzw. den Rand des Erholungsgebietes (z. B. Parkplätze, Garagen, bei gleichzeitiger Anbindung an das öffentliche Verkehrsnetz bzw. fußläufige Erreichbarkeit des Zieles).

- Umweltschonende Gestaltung von Parkplätzen durch geringen Versiegelungsgrad und standortgerechte Bepflanzung.

- Verknappung der Flächen für den ruhenden Verkehr als Anreiz zur Benutzung des öffentlichen Personennahverkehrs.

- Kombination des Individualverkehrs mit den Verkehrsmitteln des Umweltverbundes durch
  - Fahrradmietstationen (einschließlich Fahrradservice an Parkplätzen) und

- Park-and-ride-Systeme am Rande empfindlicher Naturräume oder bei Großveranstaltungen.

■ Sensibilisierung/Beeinflussung der Touristen vor der Anreise durch eine Kampagne, die auf die umweltfreundlichen Aspekte bei der Urlaubsgestaltung hinweist.

Welche Maßnahmen mit welcher Dringlichkeit und in welcher Kombination umgesetzt werden sollen, muß für die jeweilige regionale Situation im Rahmen von gebietsbezogenen Gesamtkonzepten erarbeitet werden. Eine Zusammenarbeit der verschiedenen Gruppen ist dabei unabdingbar. Dazu zählen u. a.: Freizeitanbieter, Freizeitnachfrager, Verkehrsanbieter und Kommunen, sowohl in den Zielgebieten als auch in den Quellgebieten.

Ein Beispiel aus der Praxis.

Für das Naherholungsgebiet um den Spitzingsee in den bayerischen Alpen wurde vom BUND Bayern ein Konzept zur Verkehrsreduzierung erarbeitet. Geplant ist, daß auf allen alm- und forstwirtschaftlichen Wegen der Kfz-Verkehr völlig eingestellt werden soll; Ausnahmegenehmigungen sollen nicht mehr erteilt werden; der öffentliche Naherholungsverkehr ist attraktiver zu gestalten. Aus München, woher der größte Teil der Wochenendausflügler stammt, soll die bis Bayerischzell noch verkehrende Eisenbahn im 30-Minuten-Takt (maximaler Preis: 12,– DM) fahren und an der Station Neuhaus an Pendelbusse angebunden werden. Schließlich soll die Spitzingseestraße für den motorisierten Individualverkehr gesperrt werden. Fünf weitere Stichstraßen des touristisch stark frequentierten Landkreises Miesbach sollen mittelfristig ebenfalls geschlossen werden. Das langfristige Ziel des BUND ist in Teilbereichen der deutschen Alpen das »autofreie Gebirge«.

Ein gravierendes Problem, insbesondere beim Tourismus, ist der Flugverkehr. Um die Belastungspotentiale der Flugverkehrs zu bewerten, sind umfassende Analysen der Auswirkungen des Flugverkehrs auf die Umwelt/Atmosphäre von unabhängigen Wissenschaftlern vorzunehmen.

Dringend geboten ist schließlich eine umgehende Einleitung schadstoffmindernder Maßnahmen, wie die Umverlagerung des europaweiten Tourismus-/Charter-Flugverkehrs auf die Bahn sowie die weitestgehende Verlagerung des Ferntransports auf die Schiene. Das Problem Flugverkehr muß auch von den Gewerkschaften intensiver diskutiert werden.

6. Ansätze zur Beeinflussung von Verhaltensänderungen in Natur und Landschaft

In Kapitel 3 wurde bereits darauf hingewiesen, wie durch planerische und andere Maßnahmen im Wohnumfeld bzw. Umland von Ballungsräumen Rahmenbedingungen geschaffen werden können, die ein umweltverträgliches Freizeitverhalten unterstützen und fördern. Im folgenden werden nun Leitlinien und Maßnahmen zur Beeinflussung des Verhaltens des einzelnen diskutiert.

Neben Umweltbelastungen, die durch Bau und Betrieb von Freizeitanlagen einschließlich der begleitenden Infrastruktur entstehen, verursacht das Verhalten des einzelnen in Natur und Landschaft erhebliche Umweltbelastungen. Dabei kommen bei den behandelten Freizeitaktivitäten die Aspekte »umwelterhebliches Verhalten« und »Umweltauswirkungen durch Anlagenplanung/-gestaltung« unterschiedlich stark zum Tragen. Es fehlen zum einen adäquate Verhaltensmuster im Umgang mit bzw. in der Natur und Landschaft, aber auch grundlegende Kenntnisse, daß die außerhäusliche Freizeitgestaltung umwelterheblich sein kann. Umweltverträgliches Freizeitverhalten muß daher regelrecht wieder gelernt werden. Dies kann jedoch nur erreicht werden, wenn ein Bewußtsein für die Notwendigkeit von Verhaltensänderungen geschaffen wird.

In erster Linie ist dies durch Information und Aufklärung über die Zusammenhänge zwischen dem eigenen Verhalten und der dadurch verursachten Umweltbelastung zu erreichen und über die Einsicht der Notwendigkeit von Natur- und Umweltschutz als zielgerichtete Maßnahme zur Erhaltung der Lebensgrundlagen der Menschen.

Eine allein die Ratio des Menschen ansprechende Vorgehensweise scheint aber nur von begrenztem Erfolg zu sein. Die seit nahezu zwei Jahrzehnten, vor allem von Umwelt- und Naturschutzverbänden betriebene »Aufklärung« hat in den alten Bundesländern zwar zu einem hohen Umweltbewußtsein in der Bevölkerung geführt (z. B. besteht eine breite Kenntnis über Umweltschäden und deren Ursachen), diese mündete aber nur in einem sehr geringen Teil in eine tatsächliche Veränderung von Verhaltensweisen.

Ein typisches und vieldiskutiertes Beispiel dafür ist das Verkehrsverhalten. Umweltverträgliches Freizeitverhalten bedeutet grundsätzlich auch immer eine Veränderung des privaten Verkehrsverhaltens. Ein Großteil der freizeitbedingten Umweltbelastungen ist bereits dadurch zu minimieren, wenn statt des Autos ein Verkehrsmittel des Umweltverbundes benutzt wird. Vor dem Hintergrund der allseits bekannten Belastungen durch den motorisierten Individualverkehr ist die Notwendigkeit von Verhaltensänderungen einer wachsenden Zahl der Bevölkerung einsichtig. Fehlende konkrete politische Handlungen zur Veränderung der Rahmenbedingungen einerseits (siehe Kap. 5), aber auch subjektive Wertungen (»Mein Auto belastet ja nur wenig«) andererseits führen dazu, daß mögliche Einsichten in starker Diskrepanz zu dem tatsächlichen Verkehrsverhalten stehen. Hintergrund ist, daß das Auto, neben der Funktion als »Fortbewegungsmittel«, eine Reihe von gesellschaftlichen Wertvorstellungen und Ersatzfunktionen wie Status, Mobilität, Unabhängigkeit sowie den in diesem Zusammenhang stark strapazierten Begriff Freiheit repräsentiert (»Freie Fahrt für freie Bürger«).

Um eine Verhaltensänderung auf breiter Ebene zu bewirken, müssen neben der Einsicht vor allem die Emotionen der Menschen angesprochen werden. Es muß zum einen persönliche Betroffenheit geweckt werden, zum anderen die Schönheit und Einmaligkeit von Natur und Landschaft deutlich und die potentiellen Schäden von Freizeitaktivitäten »sinnlich« wahrnehmbar gemacht werden.

6.1 Leitlinien für ein sanftes und umweltverträgliches Freizeitverhalten

Wichtigste Aufgabe ist es, den Umgang mit der Natur (wieder) zu lernen. Bisher unbekannte und unberücksichtigte Lebenszusamenhänge müssen wieder Allgemeingut werden. Die Freizeit(sport)treibenden müssen in die Lage versetzt werden, umweltschädigende Aktivitäten zu verändern und/oder Korrekturen ihres eigenen Verhaltens vorzunehmen. Hauptintention ist ein rücksichtsvolleres und bewußteres Verhalten in Natur und Landschaft.

Von der Initiative »Sport mit Einsicht« wurden Leitlinien für den Sport entwickelt, aus denen folgende Grundprinzipien der Verhaltensbeeinflussung im Freizeitsektor abgeleitet werden können.

- Neues Denken und neues Handeln sind auf allen Ebenen notwendig. Die Ganzheitlichkeit des Lebens bzw. der Lebenszusammenhänge muß wieder angestrebt werden. Dies hat u. a. den Effekt, daß die Freizeit nicht mehr länger dafür herhalten muß, alle Bedürfnisse zu befriedigen, die im Lebensbereich Arbeit unterdrückt werden (wie Freiheit, Abenteuer, Naturerfahrung).

- Wissen über die Zusammenhänge allein ist keine Garantie für Handeln. Der Prozeß der Verhaltensbeeinflussung sollte möglichst die Einheit von Erkennen – Erleben – Handeln umfassen und nach ihnen ausgerichtet sein.

Als Leitlinien zu Beeinflussung bzw. für das »Erlernen« eines sanften und umweltverträglichen Freizeitverhaltens in Natur und Landschaft können gelten:

- Aus Erfahrung lernen: Umweltbildung und die Vermittlung von Umweltwissen müssen integrale Bestandteile von Sport- und Freizeitangeboten sein.

- Positive Erfahrung vermitteln: Die Menschen müssen für die Schönheit und die Einmaligkeit von Natur und Umwelt sensibilisiert werden.

- Spaß und Freude fördern: Die Hinführung zu einem umweltverträglichen Freizeitverhalten hat nichts mit Askese oder puritanischem Verhalten zu tun, sondern muß eng mit Spaß und Freude verknüpft sein.

- Sinne (wieder-)beleben: Die angestrebte Sensibilisierung erfordert die Einbeziehung aller Sinne. Gezielte Wahrnehmungsaufgaben und Hinweise »öffnen den Blick« für den eigenen Körper, andere Menschen und positive und negative Seiten von Natur und Umwelt.

- Nachdenken fördern, informieren: Die Vermittlung ökologischen Wissens sollte auf die jeweiligen praktischen Erfahrungen abgestimmt sein. Das Nachdenken, d. h. die nachträgliche bewußte Verarbeitung von Sinneseindrücken, muß gefördert werden.

- Techniken relativieren lernen: Das Erlernen von Freizeit- und Sporttechniken, z. B. beim Skilaufen und Surfen, sollte nicht nur auf das Lernen instrumenteller Funktionen beschränkt sein. Es müssen vielmehr die erlernten Fertigkeiten als Mittel zur Erfahrung von Umwelt und Natur, einschließlich des eigenen Körpers, eingesetzt werden. Hier sind die jeweiligen Ausbilder (z. B. Ski- und Surflehrer) gefordert, ein solches Verständnis zu vermitteln.

- Handeln lernen: Ziel muß es immer sein, das Handeln – wenn notwendig – zu verändern; Maßnahmen zur Verhaltensbeeinflussung sollten sich nicht auf die Veränderung von Wissen beschränken.

Zur Erreichung eines sanften und umweltverträglichen Freizeitverhaltens sollten die potentiellen Beeinträchtigungen, die von den jeweiligen Freizeitaktivitäten ausgehen (können), bereits im Aktionsraum reflektiert werden, um mögliche Konsequenzen daraus abzuleiten. Die Probleme, die durch Freizeitaktivitäten in der Umwelt verursacht werden, sollten verstärkt im Rahmen der Erlebnispädagogik vermittelt werden. Denn nicht die Kenntnisse aus zweiter Hand führen zur Verhaltensänderung, sondern die emotionale Vermittlung innerhalb der Freizeitaktivität.

Insbesondere die Natursportarten bieten Chancen und Situationen, die »Umwelt-Erziehung« in bzw. mit der Natur über unmittelbares Handeln und Erleben zu erfahren. Im eigentlichen Aktionsraum (z. B. bei Kursen oder im Training) ist eine »Lernatmosphäre« zu schaffen, in der die Natur und die Landschaft als schützenswert erlebt werden soll. Eine umsetzungsorientierte und pragmatische Anwendung dieser Leitlinien kann z. B. im Rahmen eines Skikurses erfolgen:

– Bereits zu Beginn eines Skiunterrichts sind die ökologischen Probleme des Skisports zu diskutieren, und zu alternativen umweltverträglichen Verhaltensformen anzuregen. In diesen Komplex einzubinden sind auch Informationen über den besuchten Ort bzw. die genutzte Landschaft.

— Die theoretische Vermittlung und Diskussion über die Umweltproblematik durch das Skifahren muß über die direkte Erfahrung im Gelände praktisch umgesetzt werden.

— Die sinnlichen Erfahrungen im Aktionsraum fördern Fragen und wecken den Wunsch nach zusätzlichen Informationen. In kurzer Form können diese bereits auf der Piste oder in der Loipe gegeben werden, wie z. B. die Folgen des Skifahrens bei zu geringer Schneeauflage oder der Zusammenhang zwischen dem Aufscheuchen von Wild und Verbißschäden im Wald.

— Die Schärfung des Umweltbewußtseins kann auch mit Hilfe von Beobachtungen selbständig durchgeführt werden oder durch Anleitung eines örtlichen Experten (z. B. Förster) erfolgen.

Zu erwarten ist, daß die Teilnehmer an solchen erlebnispädagogischen Kursen der »Umwelterziehung« neugierig gemacht und zur Reflexion angeregt werden. Für Teilnehmer kann sich aus diesem Impuls die Perspektive einer aktiven umweltverträglichen Freizeitgestaltung ergeben. Dies könnte zu einer Zunahme der Verantwortung gegenüber der natürlichen Umwelt führen und auch zu einer größeren Verantwortung sich selbst gegenüber. Dies setzt natürlich die Bereitschaft voraus, sich informieren zu wollen.

Eine Umwelterziehung hat allerdings nur dann Erfolg, wenn sich auf breiter Basis ein ökologisches Bewußtsein bilden kann und wenn die Wachstumsideologie abgelöst wird.

6.2 Durchsetzung eines sanften und umweltverträglichen Freizeitverhaltens

Langfristig wird ein sanftes und umweltverträgliches Freizeitverhalten nur dann zu erreichen sein, wenn auf möglichst vielen Ebenen von den unterschiedlichen gesellschaftlichen Gruppen und Entscheidungsträgern darauf hingearbeitet wird, die Rahmenbedingungen für ein umweltverträgliches Freizeitverhalten herzustellen. Zwar ist Umweltbewußtsein und Umweltbetroffenheit Ausgangspunkt für ein sanftes und umweltverträgliches Freizeitverhalten, aber kein Garant für entsprechendes Verhalten in Natur und Landschaft. Notwendig sind daher weitaus mehr Informationen und Handlungsempfehlungen als bisher zur Verfügung stehen.

Es müssen konkrete Angebote geschaffen werden, die geeignet sind, ein umweltverträgliches und sozialverantwortliches Freizeitverhalten umsetzen zu helfen (z.B. Beratungshilfe). In diesem Bereich müssen deshalb alle Anbieter im Tourismus-, Freizeitsport- und Erholungssektor initiativ werden. Dazu gehören im weitesten Sinne:

- Fremdenverkehrsgemeinden/Kurorte/Regionalverbände (Zielmaßnahme: Kurtaxe erlassen für denjenigen, der nicht mit dem Auto anreist und/oder Übernahme von Kosten, wenn der Gast mit der Bahn oder dem Fahrrad ankommt),

- sonstige Träger von Touristik- und Fremdenverkehrseinrichtungen (Hotels, Pensionen, Gästehäuser, Privatunterkünfte und sonstige Gastronomiebetriebe),

- professionelle Reiseveranstalter und Reisebüros mit Reiseleitern und Gästeführern,

- Organisatoren von Freizeitaktivitäten (Schulen, soziale Einrichtungen, Gewerkschaften etc.),

- Träger/Betreiber von Ferienheimen, Tagungsstätten, Kongreßzentren und sonstigen Einrichtungen,

- Sportvereine und -verbände bzw. freizeitorientierte Interessenvertretungen wie Wander- und Fahrradklubs etc.,

- Betreiber von Veranstaltungen und Messen und

- Ausbilder, Trainer und Animateure im Freizeit-(sport)bereich.

Darüber hinaus sind alle Träger von (Aus-)Bildungseinrichtungen jeder Art geeignet, in diesem Bereich tätig zu werden, wie

- Schulen (von der Vorschule bis zur Universität),

- Einrichtungen der Erwachsenenbildung (z. B. Volkshochschulen),

- die unterschiedlichen Organisationen des Natur- und Umweltschutzes (sie sind zwar nicht traditionell dem Bildungsbereich zuzurechnen, verfügen aber über ein breites Angebot in dieser Richtung),

- Gewerkschaften mit ihren unterschiedlichen (Aus-)Bildungsangeboten (Bildungsurlaub, betriebliche- und gewerkschaftliche Fort- und Ausbildung etc.) und

- politische Parteien und Interessengruppen, Kirchen etc.

Instrumente zur Umsetzung eines sanften und umweltverträglichen Freizeitverhaltens

Konkrete Ansätze bzw. Medien und Instrumente, mit denen umweltpädagogische Vorstellungen im Freizeitbereich umgesetzt werden können, sind vorhanden. Informationen, Aufklärung und Verhaltensempfehlungen können kreativ-professionell transportiert werden durch:

- Medieneinsatz
  - Printmedien wie Zeitungen, Zeitschriften, Dokumentations- und Informationsbroschüren, Flugblätter, Prospekte, Plakate, Buchpublikationen etc. und
  - audiovisuelle Medien wie TV-Spots, Reportagen, Videofilme etc.

- Tagungen, Seminare, Workshops, Informations- und (Fort-)Bildungsveranstaltungen.

- Freizeit-Veranstaltungen (wie Straßenfeste, Sportveranstaltungen, organisierte Urlaubsreisen, Jugendfreizeiten etc.).

- Wettbewerbe u. ä.

- Naturschutzstationen und Informationszentren in Ferien- und Erholungsgebieten.

- Ökologische (Wald-) Lehrpfade, Naturerlebnispfade, Informationstafeln in Erholungsgebieten etc.

- Schulunterricht (Unterrichtseinheit »Freizeit und Umwelt«; Vermittlung durch allgemeine Literatur, Bestimmungsliteratur, Spielbücher, praktische Anregungen).

- Ausbildung der potentiellen Multiplikatoren im

Freizeitsektor (Ski-, Surf- und Sportlehrer, Übungsleiter, Animateure).

6.3 Ansatzpunkte zur Umsetzung eines sanften und umweltverträglichen Freizeitverhaltens

Vor dem Hintergrund gesellschaftlichen Wertewandels sind neben einer Beibehaltung bzw. Erweiterung betrieblicher Handlungsebenen (z. B. Durchsetzung ökonomischer Interessen der Arbeitnehmer und Sicherung/Neuschaffung von Arbeitsplätzen) eine Erneuerung gewerkschaftlicher Betriebspolitik und die Entwicklung außerbetrieblicher Handlungsfelder notwendig. Die Gewerkschaften müssen deutlicher als bisher die ökologischen Interessen der Arbeitnehmer vertreten. Gewerkschaftliches Handeln beinhaltet somit auch gewerkschaftliches Engagement im Freizeit- und Umweltbereich. Insbesondere die Einbeziehung der gesamtgesellschaftlichen Aufgabe des Umweltschutzes in die gewerkschaftliche Arbeit (z. B. in die Betriebsarbeit) eröffnet hinsichtlich der Förderung eines sanften und umweltverträglichen Freizeitverhaltens mehrere Optionen:

- Attraktivere Arbeits(platz)bedingungen bedeuten weniger »Frust«, der dann nicht in der Freizeit zum Schaden der Natur ausgelebt werden muß.

- Die Sensibilisierung der ArbeitnehmerInnen für Umweltschutzbelange im Betrieb (z. B. die Auseinandersetzung mit Gefahrenstoffen am Arbeitsplatz, aber auch eine von den Gewerkschaften geführte Diskussion der Verkehrsmittelwahl, eine von ihr initiierte Debatte der Wasser- und Abfallproblematik etc.) fördert die Bereitschaft des einzelnen zum umweltbewußteren Handeln in anderen Lebensbereichen (z. B. in seiner Freizeitgestaltung).

Insbesondere Maßnahmen, die dem innerbetrieblichen Umweltschutz dienen, sind beispielgebend. Deshalb sind im Rahmen gewerkschaftlicher Tarif- und Betriebspolitik grundsätzliche Forderungen zu stellen, die

- zur Verbesserung der Arbeitsbedingungen und zur Humanisierung der Arbeitswelt führen,
- eine intensivere Berücksichtigung der Umweltbelange im Betrieb ermöglichen, z. B. getrennte Abfallentsorgung, umweltfreundliche Materialwirtschaft bzw. -beschaffung (u. a. keine Verwendung von Einweggeschirr in der Kantine),
- zur ökologischen Produktionsweise, zumindest jedoch zur Überprüfung der Umweltverträglichkeit der Produktionsweise bzw. des Produktes führen,
- zur Förderung eines umweltschonenderen Verkehrsverhaltens der Arbeitnehmer animieren, wie z. B. die Einforderung eines Umwelttickets für Beschäftigte durch den Betrieb, kostenlose Entleihung von Betriebsfahrrädern, umweltverträglicher Fuhrpark etc.

Um die wachsenden Probleme der Gefährdung der Natur und der Landschaft durch die vielfältigen und zunehmend komplexeren Freizeitaktivitäten und -infrastrukturen in den Griff zu bekommen, sind die Gewerkschaften aufgefordert, sich in diesem Bereich stärker zu engagieren. Dies erscheint deshalb dringend erforderlich, weil trotz vielfältiger Aktivitäten gesellschaftlich relevanter Gruppen zum Themenkomplex Freizeit/Umwelt weiterhin in der Bevölkerung das Ausmaß der Umweltbelastungen durch Freizeitaktivitäten unterschätzt wird. Dieses fehlende Problembewußtsein muß behoben werden. Die Gewerkschaften bieten sich wegen ihrer Einflußmöglichkeiten auf die Arbeitnehmer besonders an, zur Schärfung des Problembewußtseins beizutragen.

Zur gesellschaftlichen Verankerung des Problemkomplexes »Umweltbelastung durch außerhäusliche Freizeitaktivitäten« können die Gewerkschaften auf verschiedenen Ebenen beitragen und somit Einfluß auf ein »umweltverträgliches Freizeitverhalten« nehmen. In erster Linie kann eine Verhaltensbeeinflussung über gewerkschaftliche Betriebsgruppen, Vertrauensleute und vom Betriebsrat transportiert werden. Aber auch im Rahmen von Aus-, Fort- und Weiterbildungsseminaren können wesentliche Beiträge zur Sensibilisierung der Arbeitnehmer im Sinne eines umweltverträglichen Freizeitverhaltens sowie zur Entwicklung eines erweiterten Verantwortungsbewußtseins gegenüber der Umwelt geleistet werden.

Handlungsansätze sowie die gezielte gewerkschaftliche Informationsvermittlung bieten sich grundsätzlich auf folgenden Betätigungsfeldern an:

– auf der politischen Ebene (u.a. in Form von Kooperationen und Initiativen, durch Zusammenarbeit mit anderen gesellschaftlichen Gruppen, Institutionen und Interessenverbänden, aber auch innerhalb der Einzelgewerkschaften sowie durch eine Intensivierung regionaler und kommunaler Gewerkschaftspolitik),

– auf der betrieblichen Ebene (z.B. als tarifpolitische Forderung einer ökologischen Produktgestaltung bzw. -herstellung) und

– im Freizeit- sowie Fort- und Weiterbildungsbereich der Gewerkschaften.

6.3.1 Gewerkschaftliche Möglichkeiten auf der politischen Ebene

Gewerkschaftspolitische Aufgabe ist es, darauf hinzuwirken, daß sich die Arbeits- und Lebensbedingungen dahingehend verändern, daß der Nutzungsdruck auf Natur und Landschaft durch umweltschädigende Freizeitformen gemildert wird. Ändern sich die gesellschaftlichen Rahmenbedingungen im positiven Sinne, wird sich auch mittel- und langfristig das Freizeitverhalten im gewünschten Sinne verändern. Auf der politischen Ebene sind die Gewerkschaften als bedeutende gesellschaftliche Interessenvertretung aufgefordert, verstärkt zum Themenkomplex betriebsübergreifende Initiativen zu starten, Aktionen durchzuführen, Kooperationen einzugehen und Forderungen an unterschiedliche Adressaten zu richten und diese durch eine entsprechende Informationspolitik öffentlich wirksam zu artikulieren bzw. zu publizieren. Die Gewerkschaften müssen stärker als bisher ihren Einfluß auf die regionale Strukturpolitik sowie auf kommunalpolitische Entscheidungsträger geltend machen, um ein politisch sanktioniertes »sanftes« und umweltverträgliches Freizeitverhalten auf möglichst vielen Ebenen zu erreichen.

Zum gesamten Themenkomplex bedarf es von seiten der Gewerkschaften eines Grundsatzpapiers, daß die gewerkschaftlichen Positionen im Hinblick auf ein erforderliches umweltverträgliches Freizeitverhalten in Natur und Landschaft darlegt und das ein durchgängiges Argumentationsmuster zum Themenfeld ermöglicht. Neben der Formulierung von Leitlinien ist die Erarbeitung konkreter Handlungsempfehlungen notwendig, die in einen Rahmenplan und/oder ein Handbuch »Sanftes und umweltverträgliches Freizeitverhalten« münden sollten und künftig fortgeschrieben bzw. ergänzt werden müssen. Die Umsetzungsstrategien sollten gleichzeitig durch finanzielle und personelle Rahmenbedingungen auf allen Ebenen der gewerkschaftlichen Arbeit begleitet werden. Innerhalb der Gewerkschaften sind Bedingungen zu schaffen, die zu einem vorbildlichen umweltgerechten Verhalten motivieren. Beispielsweise sollte eine Verringerung des Kfz-Schadstoffausstoßes bzw. Kraftstoffverbrauchs generell bei Dienstfahrzeugen der Gewerkschaft durch ein »gewerkschaftseigenes Tempolimit« eingeführt werden (Aufkleber: »Gewerkschaft macht Tempo 100«) oder auf Gewerkschaftsfunktionäre eingewirkt werden, mit positivem Beispiel voranzugehen und den Umstieg vom privaten Kfz auf umweltverträgliche Fortbewegungsmittel zu vollziehen. Hierzu sollte analog eine gezielte Förderung des Fahrrads als Fortbewegungsmittel bzw. eine Verbesserung der infrastrukturellen Voraussetzungen für die Anschaffung gewerkschaftseigener Fahrräder erfolgen.

Als Beitrag zur Lösung der vielfältigen Konfliktfelder im außerhäuslichen Freizeitsektor ist auf einen intensiven Dialog sowie eine Zusammenarbeit mit gesellschaftlichen Gruppen und Institutionen (u. a. Krankenkassen, Sportverbände, Bürgerinitiativen) abzuzielen. So sollte im weitaus stärkeren Maße als bisher der Kontakt mit der Deutschen Bundesbahn gesucht werden, um eine sozialverantwortlichere und umweltfreundlichere Tarifgestaltung zu erreichen. Da die Bedeutung der Verbraucherberatung im Freizeitartikelbereich mehr und mehr zunimmt, ist durch eine engere Zusammenarbeit mit den Verbraucherverbänden die Chance gegeben, gezielt Informationen und Wissen an die Arbeitnehmer weiterzugeben.

Zur Vermittlung eines umweltverträglichen Freizeitverhaltens ist eine Intensivierung der Zusammenarbeit mit fachkompetenten Verbänden und Organisationen des Natur- und Umweltschutzes anzustreben (z. B. durch gemeinsame Aktionen). Diese bietet sowohl die Gelegenheit, auf die fundierten Fachkenntnisse und Erfahrungen dieser Organisationen zurückzugreifen und sie in die Gewerkschaftsargumentation einzubauen, als auch vorhandene Berührungsängste und »Gegenpositionen« zwischen Gewerkschaft/Arbeitnehmern und Naturschutzverbänden abzubauen. Notwendig ist hierbei eine gemeinsame Strategie, die in die Erarbeitung eines Programms münden sollte (u. a. durch paritätisch besetzte Arbeitsgruppen). Ein richtungsweisender Ansatz sind die Kontakte zwischen der IG Metall und dem Deutschen Naturschutzring (DNR).

Mit Blick auf den Schutz von ökologisch empfindlichen Gebieten müssen sich die Gewerkschaften stärker als bisher mit den Natur- und Umweltschutzverbänden verständigen und diese ideell, aber vor allem finanziell, bei konkreten Projekten unterstützen (u. a. beim Aufbau von Naturschutzstationen in Naherholungsgebieten). Diese Stationen könnten den Erholungssuchenden unter fachkundiger Anleitung einen »Besuch der Natur« ermöglichen, ohne daß es zu (Zer-)Störungen durch nicht angepaßte Freizeitaktivitäten kommt.

Weitere Möglichkeiten der Zusammenarbeit mit den Natur- und Umweltschutzverbänden bieten sich einerseits im Rahmen von gewerkschaftlichen Veranstaltungen (z. B. zum 1. Mai oder auf Gewerkschaftstagen) und andererseits bei Initiativen für ökologisch ausgerichtete Verkehrskonzepte und/oder Angebotsstrukturen im Freizeit-/Tourismusbereich an.

In Fremdenverkehrsgemeinden sollten die Gewerkschaften darauf hinwirken, daß Strukturen und Angebote in diesen Kommunen entwickelt werden, die eine den natürlichen Gegebenheiten angepaßte

Freizeitinfrastruktur aufweisen, eine umweltschonende Freizeitgestaltung zum Ziel haben und zu einem sanften und umweltverträglichen Freizeitverhalten animieren. Neben beschäftigungspolitischen Forderungen, die auf die verstärkte Einrichtung notwendiger Dauerarbeitsplätze im Tourismus- und Freizeitsektor abzielen, kommt den Gewerkschaften bei der Ausgestaltung einer umweltverträglichen kommunalen Freizeitinfrastruktur hier eine besondere Verantwortung zu.

In touristisch ausgerichteten Gemeinden sollten Besucher auch von den Gewerkschaften im Rahmen von öffentlichkeitswirksamen Aktionen auf attraktive Freizeit-Alternativen vor Ort hingewiesen werden. Eine Informationspolitik »vor Ort« kann zum einen einen wesentlichen Beitrag zur umweltverträglichen Ferien- und Freizeitgestaltung leisten. Zum anderen bewirkt eine »Aufklärungs- und Informationspolitik« örtlicher Gewerkschaftsvertreter eine Imageverbesserung der Gewerkschaften und führt letztendlich zur Intensivierung des Verhältnisses zwischen Gewerkschaften und Arbeitnehmern. Maßnahmen, die vor Ort von den Gewerkschaften mitgetragen oder für die Patenschaften mit übernommen werden können, sind auch das (Mit-) Anlegen von Natur- und Waldlehrpfaden, die (Mit-) Einrichtung von Naturschutz- und Informationszentren, die (Mit-) Durchführung von geführten Wanderungen etc. Eine weitere Möglichkeit eines innovativen gewerkschaftlichen Ansatzes ist die Initiierung bzw. Unterstützung von lokalen Natur- und Umweltschutztagen, wo gemeinsame Aktionen mit Gästen, kommunalen Vertretern, einheimischen Sportlern, Umwelt- und Naturschutzverbänden und Gewerkschaftsmitgliedern durchgeführt und Aspekte eines umweltverträglichen Freizeitverhaltens in Natur und Landschaft diskutiert werden können.

Der Aufenthaltskomfort für Touristen wird vielerorts durch eine Erweiterung der personellen Infrastruktur in den Fremdenverkehrsgemeinden erhöht. Die Folge ist, daß ständig neue bzw. erweiterte Berufsbilder im Tourismussektor, aber auch in zunehmendem Maße im Freizeitbereich entstehen. Beispielhaft seien hier genannt: Gästebetreuer, Reiseleiter, Animateure, Naturführer und Freizeitberater. Dabei ist es notwendig, daß ökologische Aspekte von Beginn an in die Berufsausbildung integriert werden. Weder der mit erhobenem Zeigefinger belehrende Naturschutzwart noch der vor sportlicher Leistung strotzende Surflehrer sind geeignete Vorbilder. Gewerkschaftliche Aufgabe ist es, bei der Determinierung dieser neuen und »zukünftigen« Berufsfelder aktiv mitzuwirken und das Verantwortungsbewußtsein dieser neuen Berufsgruppen im Hinblick auf ein umweltverträgliches Freizeitverhalten zu fördern (u. a. durch entsprechende Informationsvermittlung).

Weitere gewerkschaftliche Optionen, die gemeinsam mit Vertretern von Kommunen im Sinne eines umweltverträglichen Freizeitverhaltens ergriffen werden können, sind die Einrichtung von Serviceeinrichtungen für nichtmotorisierte Freizeittreibende (z. B. Fahrradverleih, Zubringerdienste), die Herausgabe von Prospekten oder Faltblättern mit Hinweisen auf Natur- und Umweltqualitäten am Ort, die Propagierung von umweltfreundlichen Verhaltenstips sowie die Publizierung örtlicher bzw. regionaler Natur- und Umweltschutzmaßnahmen.

Mit Blick auf eine intensivere Freizeitorientierung im Wohnumfeld sind die Gewerkschaften aufgefordert, dies als kommunalpolitische Aufgabe zu begreifen, »als Priorität« zu propagieren und in den jeweiligen Kommunen initiativ zu werden (u. a. durch eine verstärkte Förderung einer breitgefächerten Alltagskultur sowie durch die Einforderung nach preiswertem Wohnraum). Durch Informationsarbeit auf betrieblicher Ebene zum Thema »Wohnumfeldnahe Freizeitgestaltung«, aber auch durch eine Intensivierung der Zusammenarbeit mit lokalen Behörden, eröffnet sich hier den Gewerkschaften ein neues öffentlich wirksames Betätigungsfeld. Die Gewerkschaften müssen sich in Zukunft aktiver in Richtung Kommunalpolitik bewegen. Insbesondere Koordinationsaufgaben in der Freizeitorganisation ist Lebensqualitätsgestaltung und sollte verstärkt wahrgenommen werden. Engagement im Wohnumfeldbereich erweitert letztendlich die gewerkschaftlichen Handlungsfelder und wird nicht ohne Resonanz hinsichtlich des zukünftigen Stellenwertes der Gewerkschaften in der Gesellschaft bleiben. Hierunter fällt auch, daß die Gewerkschaften stärker als bisher ihr Handeln darauf ausrichten, für die Schaffung von mehr Arbeitsplätzen im urbanen Umfeld einzutreten (Ziel: Reduzierung des energieverschwendenden Pendlerverkehrs).

Die Gewerkschaften können im Hinblick auf eine umweltfreundliche Nutzungsintensivierung und Belegungsoptimierung der vorhandenen wohnumfeldnahen Kapazitäten im kommunalen Freizeit(sportanlagen)bereich folgenden Beitrag leisten:

- Hilfestellung bei der Ermittlung der spezifischen Wünsche und Bedürfnisse (z. B. durch Fragebogenaktionen),

- Beteiligung bei der Abstimmung und Koordination der unterschiedlichen Freizeitangebote der kommunalen Einrichtungen,

- Entwicklung von gewerkschaftsspezifischen Ideen zu Trägerschaftsmodellen von Freizeitsportanlagen und zu Vereinbarungen von Kooperationsformen (u. a. für Betriebsfreizeitgruppen),

- Initiierung von gewerkschaftlichen »Patenschaften« für öffentliche Grün- und Freiflächen und/oder Sportanlagen,

- Vereinbarung und Abstimmung mit kommunalen Behörden im Hinblick auf die Durchführung/Ausrichtung von stadtteilbezogenen Spieltreffs oder sonstigen Freizeit- und Spielangeboten im Wohnumfeld und schließlich

- Erarbeitung und Verteilung von Broschüren zur umfassenderen Information der Öffentlichkeit und der Arbeitnehmer über die in der Kommune/Region vorhandenen freizeitorientierten und umweltschonenden Nutzungsmöglichkeiten von Natur und Landschaft.

Die immer deutlicher werdenden Konkurrenzen zwischen kommunalen Freizeiteinrichtungen, vereinsgebundenen Anlagen und kommerziellen Anbietern – vor allem in den größeren Gemeinden – zu mildern bzw. abzubauen (Hintergrund: Arbeitsplatzsicherung), ist es auch Aufgabe der Gewerkschaft, eine zum Nutzen der Arbeitnehmer intensivere Zusammenarbeit von Kommunen mit (Freizeit-) Sportvereinen und kommerziellen Freizeitanbietern zu fördern. Die Gewerkschaften sind daher aufgefordert, in Zukunft in verstärktem Maße Kooperationsformen der jeweiligen Träger von Freizeiteinrichtungen zu initiieren bzw. vorhandene zu unterstützen. Bei der Nutzung von Betriebssportanlagen sind die Gewerkschaften im besonderen gefordert, initiativ zu werden. Folgende Modelle sind möglich:

- Auf betrieblichen Anlagen (Grün- und Freiflächen und/oder Sportstätten) sollten neben Betriebssportgruppen auch anderen Freizeitaktiven Nutzungszeiten offengehalten werden.

- Denkbar ist, daß Nebengebäude und/oder Übungsräume von betrieblichen Anlagen auch kommerziellen Freizeitsportanbietern, z. B. Konditions- und Fitneß-Studios, verpachtet werden.

Das gewerkschaftliche Engagement im außerhäuslichen Freizeitbereich hat sich dabei auf die Propagierung und Förderung gemeinnütziger und alternativer Freizeitformen, in der der Kommerz nicht greifen kann, und umweltbezogener Freizeitaktivitäten zu beziehen. Dies kann durch ein eindeutig signalisiertes gewerkschaftliches Interesse an der Umsetzung ökologischer Ziele in Planung, (Um-)Bau und Betrieb von Grün- und Freiflächen im Wohnumfeld deutlich gemacht werden.

Überlegenswert ist auch die Formulierung eines Leitfadens zur umwelt- bzw. sozialverträglichen Gestaltung von Freizeitflächen und -anlagen im Rahmen gewerkschaftlicher Bildungsarbeit. Dies, um zum einen die gesellschaftliche Spannbreite der Gewerkschaftsarbeit zu verdeutlichen, zum anderen, um den Trägern/Betreibern von Freizeiteinrichtungen konkrete Hilfestellung zur Verfügung zu stellen.

Auch Wettbewerbe sind geeignete Mittel, einerseits die Theorie vom ökologischen Bauen und Gestalten in Freizeitanlagen zu thematisieren, andererseits das umweltverträgliche Freizeitverhalten zu fördern. Von den Gewerkschaften initiierte bzw. ausgeschriebene Wettbewerbe können Anstöße und Anregungen geben und zielgerichtet Entwicklungen einleiten; sie können auch indirekt als Mittel zur Nutzungsintensivierung öffentlicher Freiräume/Freianlagen in Kommunen eingesetzt werden.

Ein vergleichbares Instrument ist die Vergabe von Umweltpreisen, die jährlich oder in größerem Turnus von den Gewerkschaften zu speziellen Aspekten der umweltverträglichen Freizeitgestaltung vergeben werden können.

Zur Förderung innovativer umweltfreundlicher Ansätze im Freizeitsektor ist der gezielte Einsatz informeller Instrumente der Gewerkschaft wichtig. Informationen über bestehende Fördermöglichkeiten und die Aufbereitung vorliegender Erkenntnisse (positive Beispiele) für private Träger und Vereine können Anstöße darstellen.

6.3.2 Gewerkschaftliche Forderungen auf der betrieblichen Ebene

Bei der Betrachtung der Thematik Freizeit/Umwelt und bei der Bewertung eines umweltgerechten Freizeitverhaltens sind auch die in der außerhäuslichen Freizeit genutzten Produkte mit einzubeziehen. Die Gewerkschaften müssen gezielt zum einen Strategien mit Blick auf verbesserte Produktionsbedingungen/-verfahren in den Betrieben entwickeln und auch die Integration des Umweltschutzes in die Ausbildungsinhalte ermöglichen, zum anderen aber auch innerbetriebliche Forderungen aufstellen, die auf einen Produktionsverzicht von umweltbelastenden Freizeitprodukten abzielen. Die gewerkschaftlichen Zielsetzungen (z. B. Humanisierung des Arbeitslebens) sind im Rahmen von tarif- und betriebspolitischen Forderungen um einen umweltpolitischen Zielkatalog zu erweitern, der detaillierte Anforderungen an umweltverträgliche Produktionsbedingungen zum Inhalt hat (z. B. Besteuerungen auf umweltbelastende Produktionsverfahren; Ökosteuern). Konkret sollten die im Betriebsverfassungsgesetz festgeschriebenen Informations-, Beratungs- und Mitbestimmungsrechte um den Bereich der Gestaltung von Produkten und Produktionsprozessen eingefordert bzw. erweitert werden. Dies betrifft auch den an Bedeutung rasch zunehmenden Freizeitartikelmarkt.

Um Produktionsmitbestimmung zu erreichen, bietet

sich an, daß die Freizeitartikelindustrie als »Versuchs- und Umsetzungsfeld« herangezogen wird. In der Freizeitsportartikelindustrie bezieht sich dies in erster Linie auf

- die Mitwirkung (Partizipation) an innerbetrieblichen Vor-Entscheidungen (z.B., ob besonders umweltrelevante Freizeitsportartikel in Produktion gehen) sowie auf

- die Mitbestimmung und Mitverantwortung bei der Entwicklung von umweltverträglichen Freizeit-(sport)produkten und energieeinsparenden Produktionsverfahren und Technologien.

Dieser Anspruch erfordert vor allem eine Erweiterung des Informationsrechts durch den Betriebsrat bzw. durch den Vertrauensmann. Ihnen sollte in Zukunft die Möglichkeit eingeräumt werden, im Betrieb auf die Umweltproblematik hinzuweisen, wenn umweltschädigende Produkte anfallen, beispielsweise bei der Herstellung von PVC-haltigen Freizeitartikeln. Grundsätzlich sollte die Option eröffnet werden, daß bei betrieblichen Auseinandersetzungen zum Themenkomplex unabhängige Sachverständige vom Betriebsrat herangezogen werden können. Denkbar ist dies auch bei der Herstellung neuer, die Natur und Landschaft schädigender Freizeitsportprodukte wie »Water-Bikes« oder sonstiger schadstoff- und lärmrelevanter Freizeitgeräte.

Als wichtige Formen der betrieblichen Produktionsmitbestimmung können weiter gelten:

- Erweiterung von Verhandlungsmöglichkeiten bei Konflikten über relevante bzw. vermeidbare Schadstoffbelastungen im Arbeitsprozeß zwischen Unternehmensleitung und Arbeitnehmervertretung. Als Informationsgrundlage können von den Gewerkschaften durchgeführte Belegschaftsbefragungen über Belastungen am Arbeitsplatz dienen.

- Öffentliche und innerbetriebliche Kritik an umweltschädigenden und unzumutbaren Produktionsprozessen muß gewährleistet sein und darf nicht zu Kündigungen führen.

Inwieweit die Konstituierung eines Betriebsbeauftragten für Umweltschutzbelange und/oder eines ständigen Umweltausschusses zu Produktfragen in den entsprechenden Betrieben sinnvoll ist, kann hier nicht weiter diskutiert werden. Umweltbeauftragte in den Betrieben haben jedoch dann nur einen »Sinn«, wenn sie unternehmens- und weisungsunabhängig sind und Vorschlags-, Beratungs- und Mitwirkungsrechte hinsichtlich aller unternehmerischen Planungen, Vorhaben und Maßnahmen haben. Dies ist bisher allerdings nicht gewährleistet.

Neben diesen einzufordernden Mitwirkungs- und Mitbestimmungsmöglichkeiten sind Kenntnis und arbeitnehmerorientierte Beratung über umweltbelastende Produktionsweisen aller am Produktionsprozeß beteiligten Arbeitnehmer wesentliche Voraussetzungen zur Lösung des Problemkomplexes. Dies erfordert eine frühzeitige, nachvollziehbare und transparente Analyse und Bewertung aller Umweltauswirkungen, die in der Produktion im Freizeitsportsektor möglich sind. Einen Beitrag zur Bewertung und Beratung der für die außerhäusliche Freizeit genutzten Produkte und Artikel könnten gewerkschaftliche Technologieberatungsstellen übernehmen.

Wer urteils- und handlungsfähig sein will, muß qualitative Methoden (zusammen mit Wissenschaftlern, Umweltverbänden) entwickeln und Verfahren einsetzen, die eine umfassende Darstellung der stofflichen und energetischen Prozesse ermöglichen, die mit der Herstellung von Freizeitsportprodukten im Zusammenhang stehen. Zu erwähnen sind

- Stoff- und Energiebilanzen,
- Öko-Bilanzen und
- Produktlinienanalysen.

Diese Methoden und Verfahren ermöglichen die Darstellung und Bewertung der mit dem betrieblichen Herstellungsprozeß, der Bereitstellung der Rohstoffe und dem Verbleib der Abfallstoffe verbundenen Umweltauswirkungen.

In den Betrieben bietet sich die Erarbeitung von Checklisten oder »Schwachstellenanalysen« an, nach denen von den Gewerkschaften überprüft werden kann, ob das Unternehmen umweltschonend produziert bzw. ob es sich umweltschonend verhält. Auf dieser Grundlage läßt sich der Aufbau eines betrieblichen Informationssystems (Umweltkatasters) verwirklichen, um jederzeit einen Einblick in umweltrelevante Prozeßabläufe zu gewährleisten. Hieraus lassen sich Strategien und Maßnahmen ableiten, die zu einem umweltverträglichen Freizeitprodukt führen können.

6.3.3 Gewerkschaftliche Aktivitäten im Freizeit- und Bildungsbereich

Eine der originären Hauptaufgaben gewerkschaftlicher Politik muß es in Zukunft sein, im Bereich der betrieblichen Ausbildung und in der beruflichen Fort- und Weiterbildung, in weitaus stärkerem Maße als bisher üblich, ökologische Inhalte zu vermitteln, die potentiellen Auswirkungen der Freizeitverbringung in Natur und Landschaft zu diskutieren und entsprechende Handlungsanweisungen weiterzugeben. Vor allem der Bildungsbereich und der Ausbildungssektor stellen hervorragende Rahmen dar, um zur Bewußtseinsvertiefung und Verhaltensände-

...rung im Sinne eines umweltverträglicheren Freizeitverhaltens in Natur und Landschaft beizutragen. Eine gewerkschaftliche Aufarbeitung des Problemkomplexes Freizeit/Umwelt und die Vermittlung von Konfliktlösungen im Rahmen von Bildungsseminaren hat Inhalte und Methoden zu wählen, die kooperatives Lernen, Spielen, Üben, Planen und Gestalten begünstigen und Vertrauen schaffen.

Eine Sensibilisierung für ökologische Probleme sollte jedoch einhergehen mit freizeitsportlichem Handeln, um die Verantwortung des Freizeitaktiven für die Natur und die Landschaft erlebbar zu machen und Erfahrungen, Einsichten und Lernprozesse zu ermöglichen. Ziel muß die Übernahme von Verantwortung für »sich«, die Gruppe und die natürliche Umwelt sein. Die Gewerkschaften müssen vor allem vermitteln, daß die Natur nicht nur als Kulisse, Arena oder sogar nur als Sportstätte anzusehen ist.

Von Bedeutung ist auch eine Orientierung an der »machbaren« Vermittelbarkeit und Akzeptanz. Die Gewerkschaften müssen positive Wirkungen in den Mittelpunkt ihrer Argumentation stellen. Ohne differenzierte Kenntnis der Belastungsfaktoren und Konfliktpotentiale der einzelnen Freizeitaktivitäten sind allerdings keine umweltbelastenden Freizeit-(sport)gewohnheiten zu ändern.

Im Rahmen der gewerkschaftlichen Bildungsarbeit, der innerbetrieblichen Fort- und Ausbildung sowie generell der gewerkschaftlichen Beratungs- und Informationspolitik sind folgende grundsätzliche Aspekte im Hinblick auf ein sanftes und umweltverträgliches Freizeitverhalten in Natur und Landschaft von Relevanz:

- Integration des Themenkomplexes »Sanftes und umweltverträgliches Freizeitverhalten« in allen von den Gewerkschaften angebotenen Lehrgängen/Lehrveranstaltungen (z. B. in den Bildungszentren des DGB-Bildungswerkes) und sonstigen Weiterbildungskursen.

- Das gilt auch für die vom DGB und dessen Einzelgewerkschaften direkt bzw. indirekt organisierten Reisen (z. B. im Rahmen eines internationalen Jugendaustausches), Studienaufenthalte, Auslandsseminare und sonstigen Unternehmungen (z. B. Großveranstaltungen).

- Berufung eines Freizeit-Umwelt-Beauftragten für den DGB-Vorstand und/oder für die Einzelgewerkschaften. Dieser sollte vornehmlich die Aufgabe übernehmen, inhaltliche Aussagen zur Thematik zu formulieren, diese in Strategien umzusetzen und entsprechende »Public-Relations«-Arbeit zu leisten (auch innerhalb der Gewerkschaften).

- (Weiter-)Konzipierung und Entwicklung von spezifischen themenbezogenen Fortbildungs- und Motivationsprogrammen, Projektwochen, Workshops, Zukunftswerkstätten oder die Einsetzung von Projektseminaren zur Vermittlung einer umweltverträglichen Freizeitgestaltung.

- (Mit-)Durchführung von kommunalen (Aufklärungs-)Aktionen bzw. Kooperation bei Projekten zum Themenbereich durch Gewerkschaftsvertreter vor Ort. Wünschenswert ist vor allem eine intensivere gewerkschaftliche Beteiligung bei Tagungen/Workshops zum Thema Freizeit/Sport-Umwelt. Auch themenbezogene Ausstellungen, Plakataktionen, Aufkleber und Informationstafeln (z. B. »Grünes Brett«) in den Betrieben und in Gewerkschaftshäusern erreichen die Freizeitaktiven.

- Fortbildung und Sensibilisierung der gewerkschaftlichen Verbandsführung (z. B. Einbeziehung des Themas als fester Bestandteil in Vorstandssitzungen) und der sonstigen hauptamtlich Tätigen in den Gewerkschaften.

Im einzelnen kann der gewerkschaftliche Wissenstransfer über die komplexen Möglichkeiten einer umweltverträglichen Freizeitgestaltung in Natur und Landschaft über folgende Instrumentarien und Einrichtungen der Gewerkschaften erreicht werden:

Information der ArbeitnehmerInnen

Die Öffentlichkeitsarbeit der Gewerkschaften zum Themenkomplex ist zu intensivieren. Ein wesentlicher Aspekt zur Vermittlung eines sanften und umweltverträglichen Freizeitverhaltens ist die verstärkte Nutzung vorhandener gewerkschaftlicher Medien. Insbesondere in den gewerkschaftlichen Printmedien von Zeitschriften über Magazine bis hin zu (Betriebs-) Zeitungen sind

- Rubriken,
- Freizeit/Umwelt-Ecken und/oder
- ein ständiges Freizeit/Umwelt-Feature u. ä. sowie
- Serien

einzurichten, die umweltrelevante Freizeitaktivitäten problematisieren, Handlungsmöglichkeiten für ein umweltgerechtes Freizeitverhalten aufzeigen und Empfehlungen für Freizeitprojekte und -angebote geben. Auch Artikel in Betriebszeitungen zu aktuellen Konfliktthemen haben einen gewünschten Streueffekt. Als Informationsträger sollten auch Videotape oder Diaprojektionen eingesetzt werden. Die Verbreitung von Angeboten des »Sanften Tourismus« und/oder umweltfreundlicher Verhaltenstips (u. a. über die Möglichkeiten der Erreichbarkeit von Naherholungsgebieten mit öffentlichen Nahverkehrsmitteln) kann auch über Broschüren, Flugblätter bzw. Lose-Blatt-Sammlungen, Funktionärsrundschreiben etc. erfolgen. In gewerkschaftlichen Einrichtungen (z. B. in Diensträumen mit Publikumsverkehr) kann durch Plakate, Aufkleber und Info-Tafeln die Thematik publikumswirksam transportiert werden. In der vom DGB herausgegebenen Reihe »Gewerkschaftliche Unterrichtshilfe«, in der bereits ein Heft zum Thema Umweltpolitik publiziert wurde, ist eine Ausgabe zur Thematik »Sanftes und umweltverträgliches Freizeitverhalten in Natur und Landschaft« zu konzeptionieren, das schwerpunktmäßig die Vorzüge umweltfreundlicher Freizeitaktivitäten herausstellt.

Organisation von gewerkschaftlichen Ferienfreizeiten

Gewerkschaften nehmen in erheblichem Maße Funktionen von Freizeitanbietern wahr. Hier besteht die Chance, Angebote mit neuen Inhalten und Schwerpunkten zu offerieren, die mit einem umweltverträglichen Freizeitverhalten in Natur und Landschaft in Einklang zu bringen sind (z. B. Anreise zum Zielort mit der Deutschen Bundesbahn). In Zusammenhang mit der Organisation und Durchführung von Reisen sollten deshalb von den Gewerkschaften umweltverträgliche Freizeitformen bevorzugt angeboten werden. Konkret bedeutet dies, daß z. B. von den Gewerkschaften organisierte Skifreizeiten nur noch in Skigebieten durchgeführt werden, die umweltverträgliche Rahmenbedingungen anbieten bzw. bemüht sind, diese zu schaffen (z. B. Sperrung des Ortszentrums für den motorisierten Individualverkehr, Zubringerdienst zum Lift mit dem öffentlichen Personennahverkehr).

Bei Ferienreisen, besonders im Rahmen von Jugendfreizeiten (z. B. Jugend-Camps), ist das Konfliktfeld Freizeit/Umwelt zu thematisieren und durch Angebote und Programme zu flankieren (z. B. umweltgerechtes Reise- und Freizeitverhalten vor Ort einüben).

Ein wichtiger Aspekt ist auch die Nachbereitung der am Urlaubsort gesammelten Erfahrungen und deren Weitervermittlung an andere gewerkschaftliche Gruppen. Dies kann z. B. durch visuelle Präsentation individueller bzw. gruppenspezifischer Erfahrungen im Heimatort erfolgen (z. B. Dia-/Videoabend). Zu überlegen ist, Teilnahmegebühren gezielt zur Umsetzung von Umweltschutzmaßnahmen an die besuchten Kommunen (z. B. zur Pflege ihrer Radwege) oder an lokale Umweltschutzorganisationen (z. B. zum Kauf von schützenswerten Flächen) weiterzugeben.

Eine Reihe von Organisationen und Institutionen bietet bereits Ferienaktivitäten im Umwelt- und Naturschutzbereich an (z. B. Vogelbeobachtungen, Pflanzenkartierungen oder Hilfe beim Bau eines Naturschutzzentrums). Die Gewerkschaften sollten für diese Urlaubsaktivitäten in ihren eigenen Reihen werben bzw. Arbeitnehmer animieren, daran teilzunehmen.

Gewerkschaftliche Ferienheime, Bildungsschulen und Tagungsstätten

Der DGB, aber auch die Einzelgewerkschaften, unterhalten eigene Ferienheime und Tagungsstätten. Vor allem letztere Einrichtungen haben neben Programmen zur Weiter- und Fortbildung auch spezielle Angebote zur Freizeitverbringung (u. a. im Rahmen eines Bildungsurlaubes). Sie bieten die Gelegenheit, Weiterbildung und umweltverträgliche Freizeitverbringung einerseits miteinander zu verbinden und andererseits durch ökologisches Wirtschaften ein Höchstmaß an Umweltfreundlichkeit zu erreichen und somit eine effiziente Vermittlung des Themenkomplexes Umwelt und umweltverträgliches Freizeitverhalten bei den Besuchern zu erreichen.

Eine Aufgabe der Organisation bzw. der Führung dieser Häuser muß es sein, ein sparsames und sorgsames Umgehen mit Ressourcen anzustreben und umzusetzen. Folgende Leitlinien müssen hierbei beachtet werden:

- Vermeidung von Emissionen,

- Minimierung des Ressourcenverbrauchs,

- Einkauf/Verwendung von umweltfreundlich erzeugten Materialien und umweltfreundliche Bewirtschaftung der Kantine,

- keine Verwendung von umweltbelastenden Stoffen wie »Super-Spezial«-Reinigungs- und Putzmittel, Acrylfarben, Batterien, Desinfektionsmittel, Weichspüler, Holzschutzmittel etc.,

- Verwendung von Recyclingprodukten und Vermeidung von nicht recycelbaren Produkten,

- naturnahe (standortgerechte) Gestaltung und Pflege der Außenanlagen (u. a. kein Einsatz von Pestiziden, Kunstdünger, Tausalz),

- Erschließung von Kreisläufen zur Abfall- und Wärmeverwertung (z. B. internes Recycling, Kompostierung) und

- vorbildliches ökologisches Verhalten des Personals.

Nachfolgend werden für die Bereiche Energie und

Müllvermeidung bzw. -reduzierung beispielhafte Umsetzungsmöglichkeiten aufgezeigt:

- Energie
- effektive Nutzung vorhandener Energien (z. B. Windenergie, Brauchwassererwärmung),
- Reduzierung des Strom-, Heizöl- und Gasverbrauchs,
- Einbau von Spareinrichtungen und sonstiger energiesparender Geräte,
- Einsatz von Wärmepumpen und Sparlampen,
- Verwendung von Zeituhren zur Steuerung (Heizungsregelung) und
- gute Isolierung (Wärmedämmung).

- Müllvermeidung, -reduzierung und -trennung
- kein Einweggeschirr, sondern Mehrweggeschirr benutzen,
- Toilettenpapier aus Recyclingpapier verwenden,
- kein Verkauf von Getränkedosen und -büchsen,
- Verzicht auf Getränke in Plastikflaschen und aufwendig verpackte Speisen,
- Rückgabemöglichkeiten von Verpackungen,
- Einführung wirtschaftlicher Packungsgrößen,
- Benutzung von Recycling-Papier oder gebrauchtem Computer- oder Schmierpapier,
- keine Einmalhandtücher aus Frischfaserstoffen,
- separates Sammeln von Medikamenten, Batterien, Leuchtstoffröhren und sonstigem Sondermüll (Entsorgung gewährleisten),
- Vorkehrungen zum Sammeln und Wiederverwerten von Glas, Papier/Karton etc. schaffen.

Werden den Besuchern/Tagungsteilnehmern neben umweltfreundlichen Freizeitangeboten die Grundsätze des ökologischen Wirtschaftens nähergebracht, kann ein nicht zu unterschätzender Beitrag

- zur individuellen Umsetzung eines umweltverträglichen Freizeitverhaltens in Natur und Landschaft im Heimat- bzw. Ferienort, aber vor allem
- zur Förderung eines vernetzten Denkens

geleistet werden. Diese Chancen müssen in gewerkschaftlichen Ferienheimen, Bildungs- und Tagungsstätten genutzt werden.

Themenbezogene Durchführung von Seminaren zum Konfliktfeld Freizeit/Umwelt

Im Rahmen der Bildungsangebote werden bereits Seminare angeboten, die sich mit der Thematik »Umwelt und Umweltschutz« beschäftigen. In Relation zum Gesamtumfang der gewerkschaftlichen Fort- und Weiterbildungsangebote ist dieser Bereich allerdings noch sehr unterrepräsentiert. Zu kritisieren ist, daß von 254 Lehrgängen, die der DGB 1991 anbot, lediglich 19 zu Umweltthemen Stellung nahmen. Eine Ausweitung der Angebotspalette zum Thema »Umwelt- und Naturschutz« sowie zum Themenkomplex »Sanftes und umweltverträgliches Freizeitverhalten in Natur und Landschaft« ist dringend geboten.

Insbesondere die Gewerkschaft für Erziehung und Wissenschaft sollte als Interessenvertreter der im Aus- und Fortbildungsbereich beschäftigten Arbeitnehmer Einfluß darauf nehmen, daß in die Ausbildung der im Freizeitsektor Beschäftigten (z.B. Übungsleiter), aber auch bei Lehrern an öffentlichen Schulen, die Freizeit- und Umwelt-Thematik stärker in den Vordergrund rückt. Diese geschulten

Personen können als Multiplikatoren umweltverträgliches Freizeitverhalten effektiv vermitteln.

Neben einer intensiveren theoretischen Aufarbeitung des Konfliktfeldes Freizeit/Umwelt ist die Möglichkeit zu eröffnen, praktische und nachvollziehbare Erfahrungen in Natur und Landschaft zu machen (z.B. durch »ökologische Exkursionen«, »Naturrallyes mit Umweltbrennpunkten«, »Loipenspaziergänge« oder »umweltgerechtes Wandern«). Rücksichtsvoll (gegenüber der Umwelt) und sorgfältig mit Fachleuten geplante Naturführungen (unter Beachtung von Schutzvorschriften) können das situationsbedingte Erkennen ökologischer Zusammenhänge fördern, die sichtbaren Schäden von Freizeitaktivitäten aufzeigen helfen und gleichzeitig Hinweise »vor Ort« zur Vermeidung vermitteln. Im Rahmen solcher thematisch bezogene Exkursionen sind auch Planspiele zu entwickeln und spielerische Übungen durchzuführen, die zur Umweltsensibilisierung führen und zu einem umweltgerechten Freizeitverhalten animieren. Vor dem Hintergrund, daß ein Großteil der Bildungsangebote speziell auf Multiplikatoren innerhalb der Gewerkschaft zugeschnitten sind (z.B. Betriebsräte, Vertrauensleute, Jugendvertreter etc.), können diese Funktionsträger bei entsprechend erfolgter »aktiver« Sensibilisierung und mit breiten Informationen zur Thematik Freizeit/Umwelt in hervorragender Weise als Multiplikatoren in den Betrieben fungieren.

So beschreitet beispielsweise der Deutsche Kanu-Verband mit der Konzeption einer ökologisch ausgerichteten Schulung einen vorbildhaften und nachahmungswerten Weg. Im Rahmen einer Tagung werden den Lehrreferenten der Landeskanuverbände für Natur- und Umweltschutz die Funktion der Gewässer, Flora und Fauna im Naturhaushalt nähergebracht sowie Probleme der Gewässergüte dargelegt. Strategien zur Verwirklichung eines umweltverträglichen Kanusportes in der Natur werden diskutiert. Die so gewonnenen Erkenntnisse sollen dann in den Übungsleiterausbildungen weitervermittelt werden.

Gewerkschaftliche Großveranstaltungen

Der DGB sowie die Einzelgewerkschaften organisieren zu unterschiedlichen Anlässen Veranstaltungen und/oder sind (Mit-) Veranstalter (z.B. beim »Ökologischen Verkehrskongreß« 1990 in Frankfurt/M.). Durch eine konsequente Berücksichtigung und Umsetzung von Umweltaspekten bei der Durchführung der (Groß-) Veranstaltungen (z.B. 1.-Mai-Feier) können die Gewerkschaften als wichtiger gesellschaftlicher Meinungsträger Vorbildfunktion übernehmen.

Anzustreben ist die Erarbeitung einer Konzeption für die Durchführung umweltfreundlicher gewerkschaftlicher (Groß-) Veranstaltungen. Die konzeptionellen Überlegungen sind dann in einem Handbuch als Leitlinien für eine umweltverträgliche Gestaltung von Gewerkschaftsveranstaltungen und/oder in Form von Checklisten, die speziell auf die gewerkschaftlichen Modalitäten ausgerichtet sind, den Organisatoren gewerkschaftlicher Veranstaltungen zur Verfügung zu stellen.

Gewerkschaftliche Einflußmöglichkeiten beim Betriebssport

Vornehmlich Großbetriebe haben eigene Betriebssportgruppen, aber auch Betriebssportanlagen. Ein gewerkschaftliches Aufgabenfeld ist es, auf ein umweltverträgliches Freizeitverhalten dieser Gruppen sowohl bei der Ausübung des jeweiligen Sportes als auch bei der Gestaltung und Unterhaltung der Anlagen hinzuwirken.

Darüber hinaus sollten Betriebsräte und Gewerkschaftsgruppen die Belegschaft über umweltschonende Sport-, Kultur- und andere Freizeitangebote in Wohn- bzw. Arbeitsplatznähe informieren. Eine »Freizeitberatung«, wie sie bereits von einigen Kommunen durchgeführt wird (z. B. Informationen über das kommunal und regional vorhandene umweltverträgliche Freizeit-, Sport- und Kulturangebot), könnte auch von den Gewerkschaften in den Betrieben initiiert bzw. mit den kommunalen Behörden organisiert werden.

Wettbewerbe und Veranstaltung von Festen

Zur Intensivierung der gewerkschaftlichen Zusammenarbeit mit anderen gesellschaftlichen Gruppen könnten insbesondere die jeweiligen Vertreter der Einzelgewerkschaften vor Ort zusammen mit örtlichen Sportvereinen und/oder Umwelt- bzw. Naturschutzgruppen neben Veranstaltungen auch Wettbewerbe zum Themenkomplex Freizeit/Umwelt durchführen (z. B. Preisausschreiben, Fotowettbewerbe o. ä.), die darauf abzielen, umweltverträgliches Freizeitverhalten zu vermitteln. Gemeinsame Aktionen von Gewerkschaften, Sport- und Naturschutzorganisationen helfen beim Abbau von »Berührungsängsten«. Sie tragen aber auch dazu bei, daß deutlich wird, daß Umweltpolitik nur in Zusammenarbeit vieler verschiedener gesellschaftlicher Gruppen zum Erfolg führt.

Gewerkschaftliche Diskussion staatlicher/kommunaler Maßnahmen zum Thema Freizeit/Umwelt

Die beispielhaft dargestellten gewerkschaftlichen Möglichkeiten zur Beeinflussung des Freizeitverhaltens zielen vorwiegend darauf ab, durch Einsicht und emotionale Betroffenheit eine Bewußtseinsveränderung bei den Arbeitnehmern zu erreichen. Selbstverständlich sind durch diese Aufklärungsbemühungen nicht alle Arbeitnehmer zu erreichen und nicht zu einem umweltverträglichen Freizeitverhalten zu motivieren.

Da die Sensibilisierung zum Problemkomplex Freizeit/Umwelt noch weitgehend gering ausfällt und häufig die Entwicklung der Freizeitinfrastruktur »planlos« verläuft, besteht von seiten der öffentlichen Hand die Notwendigkeit, restriktive Maßnahmen als Steuerungsinstrumente zum Schutz der Natur und Landschaft zu ergreifen. Diese beinhalten

- Lenkungsmaßnahmen (wie Zonierung von Nutzungs- und Erholungsschwerpunkten, aber auch kleinteilige Maßnahmen wie das Umlegen von Wegeführungen),

- Gebote (z. B. Maßnahmen zur Aufgliederung der Uferbereiche für verschiedene Freizeitaktivitäten) und

- befristete Verbote (wie u. a. räumliche/zeitliche Beschränkungen für bestimmte Freizeitaktivitäten oder generelle Verbote bestimmter Aktivitäten in Natur und Landschaft).

Eine gewerkschaftliche Aufgabe kann auch darin bestehen, solche Restriktionen (wie die Einhaltung von Verboten sowie die Befolgung dringlicher Empfehlungen im Freizeit- und Umweltsektor durch Länder- und Kommunalbehörden) im Rahmen von Veranstaltungen zu thematisieren und kritisch zu hinterfragen. Die Gewerkschaften sollten sich auch an der Diskussion formeller Verfahren im Rahmen von Flächennutzungsplanänderungen, Bauleit- und Landschaftsplänen, Baugenehmigungen für Freizeitanlagen, Raumordnungs- und Planfeststellungsverfahren bei der Ansiedlung großflächiger Freizeiteinrichtungen und bei Ausnahmegenehmigungen für motorsportliche Veranstaltungen beteiligen. So können sie den Sinn bzw. die Notwendigkeit von Einschränkungen und Planungsabsichten (z. B. die Ausweisung von Schutzgebieten mit Betretungsverbot) den Betroffenen erläutern und »begreiflich« machen. Zu überlegen ist schließlich, inwieweit ein von Gewerkschaften eingerichtetes und regelmäßig tagendes Forum zum Themenkomplex Freizeit/ Umwelt aktuelle und »heiße« Themen publikumswirksam »anpacken« kann und gleichzeitig gesamtgesellschaftliche Lösungsmöglichkeiten aufzuzeigen hilft.

Literaturempfehlungen

Allgemeiner Deutscher Automobil Club (Hrsg.): Camping-Führer. Europas Campingplätze im Test, Band 2, München 1990.

Sigurd Agricola: Technik – Arbeit – Freizeit. Begriffsbestimmung, Zusammenhänge und Stand der Forschung, in: Deutsche Gesellschaft für Freizeit (Hrsg.): Freizeit. Materialien, Erkrath 1990.

Bund für Umwelt- und Naturschutz Deutschland NW (Hrsg.): Freizeit fatal. Über den Umgang mit der Natur in unserer freien Zeit, Köln 1990.

Deutsche Gesellschaft für Freizeit (Hrsg.): Freizeit, Sport, Bewegung. Materialien zur Freizeitpolitik, Erkrath 1987.

Deutsche Gesellschaft für Freizeit (Hrsg.): Freizeitverhalten im Wandel, Erkrath 1985.

Deutscher Bund für Vogelschutz: Positionspapier des DBV zur Problematik »Freizeit und Umwelt«, 1986.

Deutscher Reisebüro-Verband (Hrsg.): Wirtschaftsfaktor Tourismus. Eine Grundlagenstudie der Reisebranche, Frankfurt 1989.

Die Grünen im Bundestag: Für einen anderen Tourismus (eine Diskussionsvorlage), Bonn 1989.

Björn Engholm u.a.: Die Zukunft der Freizeit, Weinheim/Basel 1987.

Joachim Jens Hesse, Christoph Zöpel (Hrsg.): Neuorganisation der Zeit, Baden-Baden 1987.

Industriegewerkschaft Metall: Wir machen Umweltschutz im Betrieb. Arbeitshilfe für den Ausbildungsinhalt Umweltschutz in den neuen Berufen, Frankfurt 1990.

Industriegewerkschaft Metall, Deutscher Naturschutzring (Hrsg.): Auto, Umwelt und Verkehr, Köln 1992.

Institut für Stadtforschung und Strukturpolitik: Auswirkungen erhöhter Freizeit und geänderten Freizeitverhaltens auf Umwelt und Wirtschaft, Berlin 1988.

Helga Keßler, Monika Zimmermann: Der Öko-Veranstaltungsberater, Hamburg 1990.

Dieter Kramer: Der sanfte Tourismus. Umwelt- und sozialverträglicher Tourismus in den Alpen, Wien 1983.

Jost Krippendorf: Die Ferienmenschen. Für ein neues Verständnis von Freizeit und Reisen, Zürich 1984.

Jost Krippendorf, Bernhard Kramer, Hansrudi Müller: Freizeit und Tourismus, Bern 1986.

Hartmut Lüdtke: Expressive Ungleichheit. Zur Soziologie der Lebensstile, Opladen 1989.

Uli Mäder: Sanfter Tourismus. Alibi oder Chance, Zürich 1985.

Wolfgang Nahrstedt: Die Wiederentdeckung der Muße. Freizeit und Bildung in der 35-Stunden-Gesellschaft, Baltmannsweiler 1989.

Horst W. Opaschowski: Psychologie und Soziologie der Freizeit, Opladen 1988.

Hans-Joachim Schemel: Tourismus und Landschaftserhaltung. Eine Planungshilfe für Ferienorte mit praktischen Beispielen, München 1988.

Manfred Scherhag: Sport und Umwelt. Eine Analyse der gegenwärtigen Diskussion über die Zusammenhänge von Sport und Umweltzerstörung, Frechen 1986.

Erwin K. Scheuch: Arbeitszeit kontra Freizeit?, Köln 1988.

Pavel Uttitz: Freizeitverhalten im Wandel, Düsseldorf 1985.

Verbraucher-Zentrale NRW: Freizeit und Konsum, Düsseldorf 1989.

Klaus Wolf, Peter Jurczek: Geographie der Freizeit und des Tourismus, Stuttgart 1986.

Monika Zimmermann (Hrsg.): Umweltberatung in Theorie und Praxis, Basel 1988.

»Arbeit und Umwelt« im Bund-Verlag

Klaus Busch
Umbruch in Europa
Die ökonomischen,
ökologischen und
sozialen Perspektiven
des einheitlichen
Binnenmarktes
2., erweiterte Auflage
mit einem Nachwort
zum Maastrichter Vertrag
(HBS Forschung, Band 4)

Friedrich-L. Holl,
Jürgen Rubelt (Hrsg.)
Kooperationsstelle
Hochschule/Gewerkschaften
TU Berlin
Betriebsökologie
Erfahrungen, Chancen
und Grenzen einer
neuen Herausforderung

IG Metall (Hrsg.)
**Auf der Suche
nach Gerechtigkeit
für die eine Welt**
Demokratie, Solidarität
und Freiheit
Internationales
Zukunftsforum 1991

IG Metall,
Deutscher Naturschutzring
(Hrsg.)
Auto, Umwelt, Verkehr
Umsteuern, bevor es zu spät ist
Verkehrspolitische Konferenz
der IG Metall und des
Deutschen Naturschutzrings

Lothar F. Neumann (Hrsg.)
**Arbeits- und
Gesundheitsschutz aktuell**
Beiträge aus der Praxis

Erich Ott,
Thomas Gerlinger
Die Pendlergesellschaft
Zur Problematik der
fortschreitenden Trennung von
Wohn- und Arbeitsort

Werner Rittershofer
**Das Lexikon
Wirtschaft – Arbeit – Umwelt**
mit aktuellen Stichworten
zur deutschen Einigung und
zu Europa
Sechste, völlig überarbeitete
und erweiterte Auflage

Karin Roth,
Reinhard Sander (Hrsg.)
**Ökologische Reform
der Wirtschaft**
Programmatik und Konzepte

Karin Roth,
Reinhard Sander (Hrsg.)
**Ökologische Reform
der Unternehmen**
Innovationen und Strategien

Karin Roth,
Reinhard Sander (Hrsg.)
**Ökologische Reform
in Europa**
Globale Probleme und neue
Kooperationen